SURPRISING ARCHITECTURE

IBIZA

SURPRISING ARCHITECTURE
IBIZA

KÖNEMANN

© 2018 koenemann.com GmbH
www.koenemann.com

ÉDITIONS
PLACE DES
VICTOIRES

© 2018 Éditions Place des Victoires
6, rue du Mail – 75002 Paris,
pour la présente édition.
www.victoires.com
Dépôt légal : 3ᵉ trimestre 2018
ISBN : 978-2-8099-1569-3

Photographs and concept: Conrad White
Editorial coordinator: Claudia Martínez Alonso
Editor, texts and project coordinator: Francesc Zamora Mola (except Can Lagarto and Can Rafal)
Art director: Mireia Casanovas Soley
Translation: Cillero & de Motta

Printed in China by Shenzhen Hua Xin Colour-printing & Platemaking Co., Ltd

ISBN 978-3-7419-2137-7

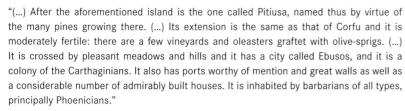

"(...) After the aforementioned island is the one called Pitiusa, named thus by virtue of the many pines growing there. (...) Its extension is the same as that of Corfu and it is moderately fertile: there are a few vineyards and oleasters graftet with olive-sprigs. (...) It is crossed by pleasant meadows and hills and it has a city called Ebusos, and it is a colony of the Carthaginians. It also has ports worthy of mention and great walls as well as a considerable number of admirably built houses. It is inhabited by barbarians of all types, principally Phoenicians."

Diodorus Siculus
Fontes Hispaniae Antiquae, II.
Edition and commentaries by Adolf Schulten
Barcelona, 1925

«... Después de la isla antes mencionada está la Pitiusa, así llamada por los numerosos pinos que en ella crecen. (...) Tiene la misma extensión que Corfú y es moderadamente fértil: en ella hay unas cuantas viñas y acebuches injertados con ramas de olivo. (...) La atraviesan agradables prados y colinas y tiene una ciudad llamada Ebusos, una colonia de los cartagineses. Tiene también puertos dignos de mención y grandes murallas, además de un considerable número de casas de construcción admirable. Esta habitada por bárbaros de todo tipo, principalmente fenicios.»

Diodoro Sículo
Fontes Hispaniae Antiquae, II.
Edición y comentarios de Adolf Schulten
Barcelona, 1925

Through its history, the various occupying powers brought abundance and prosperity or poverty and misfortune to Ibiza: the island acquired strategic and commercial importance during the Punic era. The exploitation of the saltpans alongside the fishing and mining industries thrived. During the Roman period, Ibiza lost its autonomy. A series of successive invaders fought over the domination of the island leaving their permanent imprints on its landscape and on its culture. Ibizan culture had long incorporated the influences of its past colonizations. In the nineteen thirties, it began to experience the effects of its latest colonization, global tourism.

The first trickle of visitors who arrived on the island was mostly intellectuals and artists escaping from the rise of Fascism in their home countries. Like the majority of these visitors, architect Erwin Broner and writer and artist Raoul Hausmann were attracted to the island as a refuge pretty much unknown by most of the world. Cheap and beautiful, Ibiza seemed an ideal place to hide a while. The account of their experiences does not let us know anything about what they were looking for but it certainly does about what they did find: ancient habits and a lifestyle that had changed little for centuries; tradition and nature ruled the world of the inhabitants who leaved simple life.

These two men developed interest in four subject matters: social customs, landscape, archeology and architecture. Ibizan architecture, which had been of so little interest before the arrival of the intellectuals, became the focus of the sort of study that until then had been reserved for the island's archeology. Hausmann photographed the rural architecture and

A lo largo de su historia, las diversas potencias ocupantes han traído abundancia y prosperidad pero también pobreza y desgracias a Ibiza. La isla adquirió importancia estratégica y comercial durante la época púnica, cuando se desarrollaron con fuerza la explotación de las salinas, junto con las industrias pesquera y minera. Durante el periodo romano, Ibiza perdió su autonomía y los invasores sucesivos lucharon por el dominio de la isla, dejando su huella permanente en el paisaje y la cultura. Y así hasta que, en los años treinta del siglo XX, la cultura ibicenca comenzó a experimentar los efectos de su más reciente colonización: el turismo mundial.

Los primeros visitantes que llegaron a la isla eran en su mayoría intelectuales y artistas que huían del auge del fascismo en sus países de origen. Fue el caso del arquitecto Erwin Broner y el escritor y artista Raoul Hausmann, quienes, como la mayoría de los visitantes, vieron en Ibiza un refugio prácticamente desconocido para la mayor parte del mundo: barata y bella, parecía un lugar ideal para esconderse una temporada. El relato de su experiencia no nos permite saber nada de lo que buscaban, pero sí de lo que encontraron: hábitos ancestrales y un estilo de vida que había cambiado poco durante siglos. La tradición y la naturaleza regían el mundo de unos habitantes que vivían una vida sencilla.

Estos dos hombres se interesaron por cuatro ámbitos: costumbres sociales, paisaje, arqueología y arquitectura. La arquitectura ibicenca, que había despertado tan poco interés hasta la llegada de los intelectuales, se convirtió de este modo en el centro de atención de un tipo de estudio hasta entonces reservado a la arqueología de la isla. Hausmann

wrote extensively about it. Erwin Broner learnt to reinterpret Ibiza's traditional architecture combining it with the rational qualities of Le Corbusier's first villas.

The rural architecture of the island also arose the interest of architects on the mainland generating institutions dedicated to the preservation and study of this architecture. A young generation of Spanish architects formed the GATEPAC (Group of Spanish Architects and Technicians for the Progress of Contemporary Architecture), based in the belief that these primitive houses were a model to follow in the development of a new architecture. These primitive houses followed a prototype that responded to a particular climate and to a specific location. The rural home was above all built for the needs of the farmer; simple constructions formed by the accretion of white cubes added progressively based on the needs of a growing family. This rural home was usually constructed by untrained architect-builders, the inhabitants themselves. They built their homes according to their functional

fotografió la arquitectura rural y escribió abundantes textos sobre ella. Erwin Broner aprendió a reinterpretar la arquitectura tradicional combinándola con las características racionales de las primeras villas de Le Corbusier.

La arquitectura rural de la isla despertó también el interés de algunos arquitectos de la Península, lo que dio origen a instituciones dedicadas a su conservación y a su estudio. Una joven generación de arquitectos españoles formó el GATEPAC (Grupo de Arquitectos y Técnicos Españoles para el Progreso de la Arquitectura Contemporánea), que reivindica estas casas primitivas como un modelo para el desarrollo de una nueva arquitectura.

Estas casas primigenias seguían un prototipo que respondía a un clima particular y a una ubicación específica. Por encima de todo, la vivienda rural estaba construida para satisfacer las necesidades de los agricultores: eran construcciones simples formadas por una suma de cubos blancos, que se añadían progresivamente en función del crecimiento de la familia. Estas viviendas rurales las erigían normalmente constructores sin formación arquitectónica:

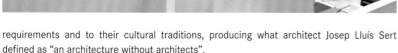

requirements and to their cultural traditions, producing what architect Josep Lluís Sert defined as "an architecture without architects".

Built of stone from the local quarries and painted white with calcium carbonate derived from local minerals, the fincas stand isolated in a setting green with juniper, rosemary and pine mixed with orchards of almond, pomegranate, carob and fig trees. The whitewashed fincas have survived for centuries hidden away amongst pine trees. In spite the fact that some have been demolished or have had their stones reclaimed by the land, many of these modest constructions are preserved. And today their bright white color has become the expression of a lifestyle, of simplicity and functionality. The respect for the traditional rural home has grown from the worldwide echo that the intellectuals in the thirties had spread.

As did many architects who arrived in Ibiza at that time, Rolph Blakstad developed an interest in its rural architecture and carried out an extensive analysis of its origins. Who built these constructions? Who lives in them? What materials are used? These are some of the questions that originated his study. According to Blakstad, the historic origins of the rural home in the Pitiuses (Greek for "island of pines") are deeply rooted in the Near East. The roots of the Ibizan rural architecture stretch back more than 2,000 years to the first Phoenician settlers. Blakstad has been dedicated to bestowing the cultural significance on today's Ibizan architecture. His continuous effort and that of other advocates of traditional rural architecture are aimed at successfully combining the ancient structures with modern techniques responding to contemporary needs.

los propios habitantes. Levantaban sus casas de acuerdo con sus requisitos funcionales y sus tradiciones culturales, lo que el arquitecto Josep Lluís Sert definió como «una arquitectura sin arquitectos».

Construidas con piedra de las canteras del lugar y pintadas de blanco con carbonato de calcio obtenido de minerales locales, las casas se yerguen aisladas sobre un fondo verde de enebro, romero y pino mezclados con bosques de almendros, granados, algarrobos e higueras. Las fincas encaladas han sobrevivido durante siglos escondidas entre los pinos. A pesar de que se han demolido algunas y de que la tierra ha reclamado de vuelta la piedra de tantas otras, muchas de estas modestas construcciones siguen en pie. Hoy su luminoso color blanco se ha convertido en la expresión de una forma de vida llena de sencillez y funcionalidad. El respeto por la vivienda rural tradicional ha crecido a partir de la defensa que hicieron de ella por todo el mundo los intelectuales en los años treinta.

Al igual que muchos otros arquitectos que llegaron a Ibiza en aquella época, Rolph Blakstad se interesó por la arquitectura rural de la isla y esto lo llevó a emprender un análisis extenso de sus orígenes. ¿Quién hizo estas construcciones? ¿Quién vive en ellas? ¿Qué materiales se han usado? Estas son algunas de las preguntas que dieron origen a su estudio. Según Blakstad, los orígenes históricos de la vivienda rural de las Pitiusas («islas de pinos» en griego) se encuentran en Oriente Próximo, y las raíces de la arquitectura rural ibicenca se remontan a la época de los primeros colonos fenicios, hace más de dos mil años. Blakstad se ha dedicado a destacar la importancia cultural de la arquitectura ibicenca actual. Su esfuerzo continuo, junto con el de los otros defensores de la arquitectura rural tradicional, pretende combinar con éxito las estructuras antiguas y las técnicas modernas respondiendo a las necesidades contemporáneas.

012 Can Toni Martina

Set upon terraces of ancient olive trees, the site of Can Toni Martina has likely been occupied for a millennium. It is built in the ancient Phoenician Bit-hilani style. Although the house was completely rebuilt with a minimum of changes made both to the interior and exterior, the feel of the historic finca remains.

Local rustic furnishings and the preservation of a few of the original agricultural features, such as the olive press, add to the historic feel of this house. The land that once provided a livelihood of grain was recently planted with over six hundred olive trees.

Modern features have been integrated, such as an infinity swimming pool that looks across the valley to the hills and sea beyond.

Can Toni Martina se alza en un terreno de bancales poblados de viejos olivos que ha sido habitado probablemente desde hace un milenio. Está construida en el antiguo estilo fenicio Bit-hilani y aunque fue completamente reconstruida, con un mínimo de cambios tanto en el interior como en el exterior, el estilo de la casa rural antigua se ha mantenido.

El mobiliario rústico y la conservación de algunos elementos agrícolas originales, como el molino de aceite, refuerzan el estilo histórico de la casa. En el terreno que antiguamente proporcionaba una provisión de trigo se han plantado más de seiscientos olivos.

Se han añadido también elementos modernos, como una piscina infinita con vista a todo el valle y a las colinas, con el mar al fondo.

018 Can Maca

Like most of the houses in Ibiza, Can Maca is open to the sea and to the mountains. The inhabitants of the island have learnt to adapt the traditional massive finca into airy and comfortable dwellings that are more suitable for a lifestyle of leisure. This openness is now a common trait that characterizes the house in Ibiza. It is aimed to minimize the barriers between interior and exterior and adapt the architecture to a lifestyle that mostly takes place outdoors. But still the integrity of the original architecture is preserved. Natural and high quality materials are chosen for the new Ibizan house reinforcing the connection with the natural surroundings. Often the colors found in nature are reflected in the selection of finishes: tones of blue and turquoise remind one of the sea, green of the mountains and a wide range of warm colors makes one think of the unforgettable sunsets.

Can Maca benefits of extraordinary views, meticulous exterior and interior finishes, and a plan perfect for relaxing and entertaining. Relentless to the smallest detail, Malales Martínez Canut has achieved a lively ambiance, well balance interiors and remarkable color flow in harmony with the spectacular setting.

Como la mayoría de las casas en Ibiza, Can Maca se abre al mar y a las montañas. Los habitantes de la isla han aprendido a transformar las tradicionales y sólidas fincas en viviendas espaciosas y cómodas, más adecuadas para un estilo de vida orientado hacia el ocio. Este carácter abierto al exterior es el que define ahora la casa ibicenca. Mediante la supresión de las barreras entre el interior y el exterior, la arquitectura se adapta a un estilo de vida al aire libre, pero respetando la integridad de la construcción original. Los materiales naturales y de calidad son los elegidos para la nueva casa ibicenca, con el fin de reforzar la conexión con la naturaleza. A menudo, los colores del entorno se reflejan en la selección de los acabados: los tonos azules y turquesas recuerdan al mar, los verdes a las montañas y una amplia gama de colores cálidos sugieren puestas de sol inolvidables.

Can Maca goza de unas vistas extraordinarias. Los meticulosos acabados tanto del exterior como del interior y una planta perfecta invitan a relajarse y a divertirse. Cuidando hasta el más mínimo detalle, Malales Martínez Canut ha logrado un ambiente acogedor, unos interiores equilibrados y una sorprendente combinación de colores en armonía con el espectacular entorno.

024 Can Viktor R.

Viktor R., who is a painter, was in search of a hideaway where he could express his art. He found it in a finca which at that time was in ruins but turned it into his home annex private atelier. The thick stone walls help integrate the house into the natural environment. Inside, the rich warm colors and the natural light that filters through openings in the walls and in the roof infuse creative energy. The fireplace, clad in pieces of sheet metal, takes center stage. It separates the living area from the painting studio. The kitchen with exposed stone walls and wood ceiling beams emanates a rustic atmosphere and contrasts with the contemporary equipment. The hood above the stove stands out as a piece of art amongst other displayed artwork produced by the artist contributing to a warm and colorful atmosphere. Viktor R.'s love for art is recognized in all the rooms of the house where the furniture seem to have been removed to make room for artwork and exotic objects from different cultures. Even in the bathroom, the owner has imprinted his passion for art: as a reference to Gaudi's work, broken glazed tiles, friezes and patterns made with river stones animate the room.

El pintor Viktor R. buscaba un refugio en donde expresar su arte, y lo encontró en una finca en ruinas que convirtió en su estudio y su hogar. Las gruesas paredes de piedra ayudan a integrar la casa en el entorno natural. En el interior, los colores cálidos y la luz natural que entra por las aberturas de las paredes y del techo inyectan energía creativa. La chimenea, revestida de láminas metálicas, ocupa el lugar central y separa la residencia del estudio de pintura. De la cocina, de paredes de piedra desnuda y vigas de madera a la vista, emana una atmósfera rústica que contrasta con el equipamiento contemporáneo. La campana sobre la cocina destaca como una obra de arte entre otras piezas creadas por el artista y contribuye a dar calidez y colorido al ambiente. El amor de Viktor R. por el arte se aprecia en todas las habitaciones: parece que los muebles se hayan retirado para dejar espacio a las obras de arte y los objetos exóticos de diferentes culturas. Incluso en el baño el propietario ha dejado huella de su pasión: losetas rotas de vidrio, frisos y patrones con cantos rodados animan la estancia haciendo un guiño a la obra de Gaudí.

032 Espacio Micus

Espacio Micus is the former atelier of German artist Eduard Micus. After his death in 2000, his daughter Katja opened its doors to the public as an art gallery dedicated to abstract art.

He was adamantly convinced that the paintings should be displayed in the appropriate environment to look their best; his vast work could not look better anywhere else but in the space where it had been created since the early seventies.

Espacio Micus seems to have absorbed the remarkable personality that the art it contains is impregnated with. It is formed by rooms of different sizes at different levels paved with pebble stones and ceramic tiles. Geometry, volume and texture create an expressive language that, like the pictorial work, is dominated by organic materiality and form.

Natural light floods these rooms through skylights, moving constantly to change the visual perception of the space and provoke tension. The rays of light cast dynamic shapes on the surfaces like cuts and tears, only to remind those familiar with Eduard Micus' work of his *Coudrages* series, one of his most significant legacies.

Espacio Micus es el antiguo estudio del pintor alemán Eduard Micus. Tras su muerte, en el año 2000, su hija Katja abrió las puertas al público como galería de arte abstracto.

Eduard Micus estaba totalmente convencido de que las pinturas deben exponerse en el entorno adecuado para causar el mejor efecto, y su vasta obra no podría verse mejor en ningún lugar que no fuese el espacio en que el artista la había creado desde principios de los años setenta.

Espacio Micus parece haber absorbido la notable personalidad que impregna las obras de arte que contiene. Está formado por salas de diferentes tamaños y a diferentes niveles, pavimentadas con guijarros y azulejos de cerámica. La geometría, el volumen y la textura crean un lenguaje expresivo que, como la obra pictórica, está dominado por formas y materiales orgánicos.

La luz natural inunda estas salas a través de tragaluces, y su constante movimiento cambia la percepción visual del espacio y genera tensión. Los rayos de luz proyectan sombras dinámicas sobre las superficies, como cortes y desgarros, lo que recuerda, a quienes estén familiarizados con la obra de Eduard Micus, su serie *Coudrages*, uno de sus legados más significativos.

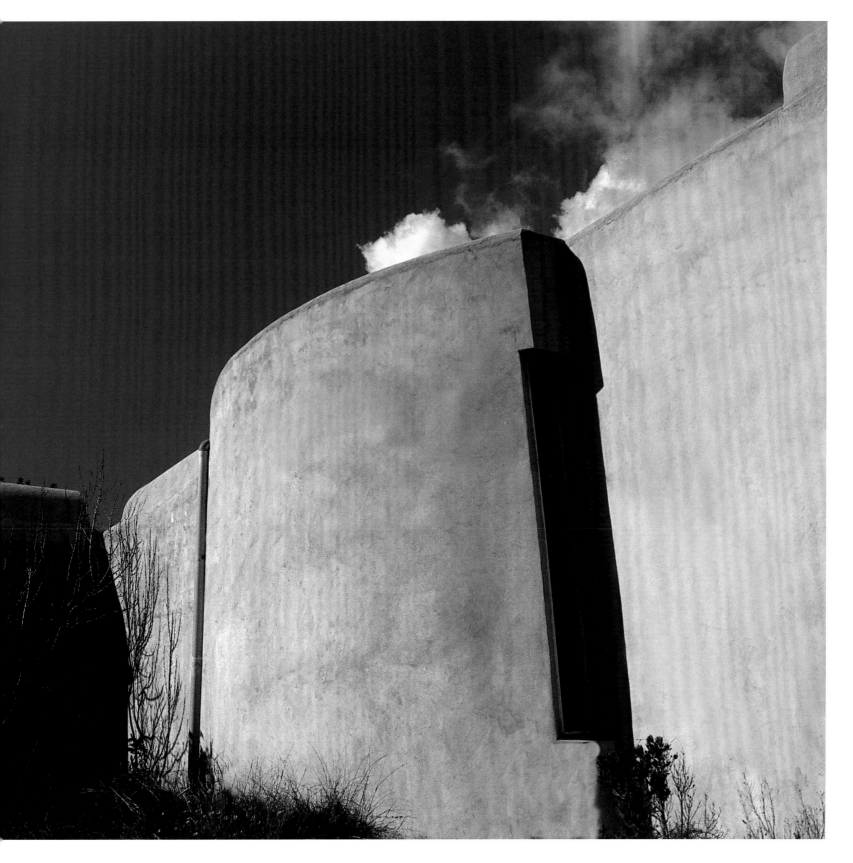

036 Boas Jean Nouvel

There is really no one special location in Ibiza because no matter in what part of the island you are, you'll end up thinking there is just no other place in the world like Ibiza. Las Boas is a luxury apartment building located on the waterfront, facing the marina. Designed by French architect Jean Nouvel, it is configured as a classic horseshoe theater with stalls, parterre and balconies. The old town acts as the stage set, while an infinite pool, occupying the center, seems to pour into the sea below.

Curves and exuberant colors make of this building a headturner. Its design, with wavy walls and balconies, is inspired by the sea and every apartment is named after a different beach cove. It is also influenced by the island's vibrant nightlife. Knowing this, it becomes clear that the building resembles a feather boa, hence its name. The helical balcony railings are also a nod towards the boas. The design is in fact sexy and out-going. It exudes the kind of energy that makes you want to party all night and watch the sunrise from the beach.

But behind this visual feast, the building also pays homage to the island's vernacular architecture of thick white walls as an expression of the culture of the place and the people.

En realidad no hay un lugar especial en Ibiza. Independientemente de en qué parte de la isla estés, vas a terminar pensando que no hay otro lugar en el mundo como Ibiza. Boas Jean Nouvel es un edificio de apartamentos de lujo situado en el paseo marítimo, frente al puerto deportivo. Diseñado por el arquitecto francés Jean Nouvel, se configura como un teatro clásico en forma de herradura, con su patio de butacas, su platea y sus balcones. El casco antiguo actúa como escenario, mientras que una piscina desbordante, que ocupa el centro del complejo, parece llegar hasta el mar.

Las formas curvadas y los colores exuberantes llaman poderosamente la atención del paseante. Su diseño, con paredes y balcones ondulados, se inspira en las olas del mar, y cada apartamento recibe el nombre de una cala diferente. El edificio está influenciado por la vibrante vida nocturna de la isla. Bajo esta consideración, queda claro que se asemeja a una boa con plumas, de ahí su nombre. Las barandillas de los balcones helicoidales son también un guiño a esa especie. El diseño es *sexy* y extravagante. Rezuma el tipo de energía que hace que te quieras ir de fiesta toda la noche y acabar viendo el amanecer desde la playa.

Sin embargo, detrás de este espectáculo visual, el edificio también es un homenaje a la arquitectura de gruesos muros blancos de la isla, como expresión de la cultura propia del lugar y de la gente.

044 Can Zorra

Designers Yvonne Hulst and Alberto Cortés began their love affair with the island when they purchased a small apartment in the historic center of Ibiza. Not too far off are the old market and the popular Croissant Show Café, where early birds and late partygoers meet. A little wood door on a narrow street leads to a light filled home overlooking the ancient city walls.

The state of the apartment dictated that the remodel would keep some features with special significance, such as the encaustic cement tile floors and the stone door casings. The new colors on the walls pick up the different tones of the floor tiles providing the rooms with a strong Mediterranean feel. The ambiance of the rooms infuses the warmth and the elegance of Italian country living in tandem with gentle Moroccan influences. The atmosphere of the apartment is so light-filled that one could well imagine gazing out the bay window and seeing rolling Tuscan hills planted with olives and cypress. But why imagine Tuscany. The Tuscan landscape has nothing on Ibiza!

Los diseñadores Yvonne Hulst y Alberto Cortés iniciaron su historia de amor con la isla cuando compraron un pequeño apartamento en el centro histórico de Ibiza. No muy lejos están el mercado viejo y la popular cafetería Croissant Show, donde se cruzan los madrugadores y los trasnochadores. Una puertecita de madera situada en una callejuela conduce a un hogar lleno de luz con vistas a las antiguas murallas de la ciudad.

El estado del apartamento dictaba que la remodelación debería mantener ciertas características especialmente significativas, como los suelos de mosaico hidráulico y los marcos de piedra de las puertas. Los nuevos colores de las paredes repiten los diferentes tonos de los mosaicos, dando a las salas un intenso aire mediterráneo. El ambiente de las habitaciones transmite la calidez y la elegancia de la campiña italiana, combinadas con suaves influencias marroquíes. El apartamento está tan lleno de luz que uno bien puede esperarse descubrir a través de la ventana mirador las ondulantes colinas toscanas plantadas de olivos y cipreses. Pero ¿por qué imaginarse la Toscana? ¡Ibiza no tiene nada que envidiar al paisaje toscano!

050 Can Xicu

Accustomed as we are to seeing the typical Ibizan fincas renovated into highly sophisticated contemporary holiday homes, Can Xicu comes as a surprise in the midst of remarkably green vegetation despite the warm and sunny climate all year round. The renovation of this construction originally designed by architect Rolph Blakstad preserves Can Xicu's slightly trapezoidal construction with thick white walls and rounded corners, small and deep openings, an entry porch and a bread oven. The interior is as simple as the exterior. It is filled with light that filters through skylights. Onke Truijen and Chantal Stuurman of HipHouse created together with the owners an understated sophistication inspired in country style living introducing niches, built-in shelves, and light brown micro cement flooring. Natural wood doors with decorative hardware and sparse furniture and ethnic accessories bring a subtle rustic finishing touch that achieves a cozy and comfortable atmosphere. The configuration of the house, at first sight introspective, opens up to the exterior. Every room has access to outside, to the pool and to the beautiful green landscape.

Acostumbrados a ver las típicas fincas ibicencas convertidas en sofisticadísimas residencias de vacaciones, Can Xicu sorprende en medio de una vegetación extraordinariamente verde a pesar del clima cálido y soleado todo el año. Can Xicu conserva su planta ligeramente trapezoidal con gruesas paredes blancas y esquinas redondeadas, pequeñas aberturas hundidas, un porche de entrada y un horno de pan. El interior es tan sencillo como el exterior, y está iluminado por la luz que se filtra a través de las claraboyas. Onke Truijen y Chantal Stuurman, de HipHouse, crearon junto con el propietario una discreta sofisticación de la vida en el campo mediante nichos, estanterías empotradas y un suelo de microcemento marrón claro. Las puertas de madera natural con elementos decorativos, los muebles escasos y los accesorios étnicos aportan un sutil toque rústico que crea una atmósfera acogedora y cómoda. La configuración de la casa, a primera vista de carácter introspectivo, se abre a su alrededor. Todas las habitaciones tienen acceso al exterior, a la piscina y al hermoso entorno natural.

056 Can Frolán

The house, object of a thorough renovation carried out by architect Jaime Serra, originally presented inward-directed rooms so common in the typical constructions of the island. This typology, which responded to defensive purposes in the past, seems incongruous in our days. Therefore, the remodel involved a complete reformulation of the house layout; in the first place, the fragmented plan was turned into a simpler and more open disposition of the rooms and second, introducing a north-south axis permitted to open the house towards the spectacular.

An open courtyard defines the L shape entrance marked by two heavy sliding wood doors. From there, the layout of the house fans out to take full advantage of the sweeping views of the sea that for a longtime had been blocked by massive walls. To optimize the indoor-outdoor experience, the façades facing the sea are composed of retractable glass doors. As a result, the living area is an open diaphanous space made to look like a floating structure over the sea. The decoration is in keeping with the architecture: simple, comfortable and functional. To take further advantage of the views a small protrusion in the rooftop was converted into a very special guestroom.

Esta casa, objeto de una exhaustiva renovación llevada a cabo por el arquitecto Jaime Serra, presentaba originalmente salas orientadas al interior, comunes en las construcciones tradicionales de la isla. Esta tipología, que respondía a fines defensivos en el pasado, resulta inapropiada hoy en día. En consecuencia, la remodelación implicó un replanteamiento total de la distribución de la casa: en primer lugar, se transformó la planta fragmentada para obtener una disposición más sencilla y clara de las salas. En segundo lugar, la introducción de un eje norte-sur permitió abrir la casa al exterior.

Un patio abierto define la entrada, en forma de L y marcada por dos pesadas puertas correderas de madera. Desde aquí, la estructura de la casa se abre en abanico para aprovechar al máximo las amplias vistas al Mediterráneo que habían estado bloqueadas durante mucho tiempo por paredes macizas. Para optimizar la relación interior-exterior, las fachadas orientadas al mar están formadas por puertas correderas de vidrio. Como resultado, la zona destinada a vivienda es un espacio diáfano que parece una estructura flotante sobre el agua. La decoración combina con la arquitectura: simple, cómoda y funcional. Con el fin de aprovechar aún más las vistas, un pequeño saliente de la azotea se convirtió en un cuarto de invitados muy especial.

062 Es Trui de Ca n'Andreu

The architecture of this rural house, in the small village of San Carlos, represents the traditional culture of the island. The 17th century old construction is preserved by the owner, Miguel Torres, in its original state and is open as a museum of local crafts and farming activities. Inside, shy rays of dim light filter through the narrow windows. Narrow windows because back in old times, farmers had to protect themselves from the weather and from pirate attacks. The atmosphere is calm and nostalgic. The rooms are filled with objects and artifacts, mostly farming tools that seem to whisper stories of a time when locals were hard working farmers – before the island became popular amongst artists, hippies and celebrities. An old oil press – called *trui* in Eivissenc – is a witness of the island's ancient tradition producing high quality olive oil.

The ceiling, made of a mix of *Posidonia* leaves, ashes and clay, and the walls, blackened by the smoke of the fireplace, appear firmly determined to defend the original identity of Ibizan culture. Unperturbed by the changing times, the colorful bougainvilleas cover the white centennial walls.

La arquitectura de esta casa rural, situada en el pequeño pueblo de San Carlos, refleja la cultura tradicional de la isla. Miguel Torres, propietario de esta construcción del siglo XVII, la conserva en su estado original como museo de artesanía y actividades agrícolas locales. La luz entra en el interior con tímidos rayos que se filtran a través de ventanas estrechas porque antiguamente los campesinos debían protegerse de las inclemencias del tiempo y del ataque de los piratas. La atmósfera es tranquila y nostálgica. Las habitaciones están repletas de objetos y artilugios, principalmente utensilios agrícolas, que parecen susurrar historias de un tiempo en el que los lugareños trabajaban la tierra, mucho antes de que la isla se hiciera famosa entre artistas, *hippies* y celebridades. Una vieja almazara —*trui* en ibicenco— da fe de la antigua tradición isleña de producción de aceite de oliva de gran calidad.

El techo, hecho de una mezcla de hojas de *Posidonia*, fresno y arcilla, y las paredes, ennegrecidas por el humo de la chimenea, parecen defender firmemente la identidad original de la cultura ibicenca. Impasibles ante los tiempos que cambian, las buganvillas recubren las centenarias paredes blancas.

068 Everland

You would be hard pressed to figure out whether this sheet metal house was built around the trees or did the trees grow through the house to poke above the roof. In fact this fantastic house can easily be imagined as the tree homes where the Lost Boys of Neverland lived. The owner decided to drop the N and calls the house Everland; not so literal but just as evocative. Instead of wood trunks and boards, the house is raised on steel posts. The young architect, Andrés Jaque, mentioned that for inspiration, he looked at the architecture of Lina Bo Bardi, an Italian-born Brazilian modernist architect. But all these ideas are backed by perfectly reasonable, functional and environmentally conscious decisions: the house was raised to keep the moisture off the floor and the trees were kept to maintain the natural habitat of squirrels and birds. The architect planned a house closed on the street side and open towards the views through bright yellow framed openings. It is formed by a cluster of rooms organized around a core space that serves as living room and kitchen. The interior of the house is equally as industrial and vibrant as the outside with corrugated steel walls, concrete floors and exposed HVAC ducts. The aesthetic is softened with a see-foam green color on the walls, various rustic wood pieces of furniture, and seldom tree trunks that add a surprise effect.

Es difícil saber si esta casa de láminas metálicas se construyó alrededor de los árboles o si los árboles crecieron debajo de ella hasta salir por el tejado. De hecho, podría ser la casa en la que vivían los Niños Perdidos del País de Nunca Jamás (Neverland en inglés). El propietario decidió eliminar la N y la llamó Everland: no es tan literal, pero resulta igualmente evocador. En vez de troncos y tablones de madera, la casa se eleva sobre pilares de acero. El joven arquitecto, Andrés Jaque, dijo inspirarse en Lina Bo Bardi, una arquitecta moderna brasileña nacida en Italia. Pero todas estas ideas se apoyan en decisiones perfectamente razonadas y respetuosas con el medio ambiente: la casa está elevada para impedir que la humedad afecte al suelo, y se conservaron los árboles para preservar el hábitat natural de ardillas y pájaros. El arquitecto diseñó una vivienda cerrada a la calle y abierta al paisaje, que se observa a través de aberturas de marcos amarillos. Está formada por un conjunto de habitaciones organizadas alrededor de un espacio central que sirve de salón y cocina. El interior resulta tan industrial y vibrante como el exterior por sus paredes de acero corrugado, los suelos de hormigón y los conductos de la calefacción, la ventilación y el aire acondicionado a la vista. La estética se suaviza con el uso del verde en las paredes, varios muebles rústicos de madera y algunos troncos de árbol que crean un efecto sorpresa.

076 Can Martín

This house stands on a property that spreads over 15,000 m² and consists of embankments on farmland oriented northwest-southeast. Surrounded by Mediterranean pine forests and olive, orange, almond and carob trees, the house spreads out on two floors for a total of 450 m² not including a service basement and the exterior spaces such as terraces and a pool. The ground floor includes a living area, a kitchen, guestrooms and a guest bathroom, while the upper floor is reserved for the master bedroom.

The house takes on modern design features with generous spaces and large openings, which ensure an intimate connection to the spectacular surroundings, while letting natural light and air in. A cool and calm ambiance is achieved through a selection of materials that is limited to concrete, glass, metal and the neutral colors of white, gray and black.

In all, the Ibizan proportions of the house, its simple materials, its lack of ostentation, and the eclectic modern touches that give it an inviting atmosphere, are the reason why this house does not go unnoticed and has become a landmark of adaptation to the characteristic landscape of the island.

Esta casa se encuentra en un terreno de 15.000 m² y consta de muros de contención de tierras de cultivo orientadas de noroeste a sureste. Rodeada de bosques de pinos mediterráneos y de olivos, naranjos, almendros y algarrobos, la casa se extiende sobre dos plantas con un total de 450 m² construidos, sin incluir el sótano —dedicado a la zona de servicios— y los espacios exteriores, como terrazas y una piscina. La planta baja cuenta con una zona de estar, una cocina, las habitaciones y un baño de cortesía, mientras que la planta superior se reserva para el dormitorio principal.

La casa adquiere características de diseño moderno, con amplios espacios y grandes aberturas, las cuales aseguran una conexión íntima con un entorno espectacular y permiten disfrutar de luz y ventilación natural. Una selección idónea de materiales —hormigón, vidrio y metal—, reforzada por una paleta de colores neutros que va del blanco al gris y al negro, logra un ambiente fresco y tranquilo.

Las proporciones ibicencas, sus materiales simples, su falta de ostentación y unos toques eclécticos de modernidad le dan a la casa un ambiente acogedor y la convierten en un hito de adaptación al característico paisaje de la isla.

084 Palacio Bardají

This palace dominating the historic center of Ibiza was brought back to its glory days with a stunning renovation carried out by the owners, Mucki and Christian Braun. The 18th-century palace stands near the cathedral, and enjoys sweeping views over the old town and the port. The building had not been inhabited for thirty years and was in ruinous estate when the Brauns purchased the property. Through various previous works the interior had been subdivided into small rooms that had progressively obscured its original grandeur.

The remodel took three years, mostly because of the difficulty to bring large pieces of machinery to the site. But slowly the palace recovered its splendid. The entry vestibule, which has limestone columns, arches, casings, and a grand staircase with delicate wrought iron railings, offers a foretaste of the magnificence to come.

A minimalistic design approach was used to enhance the beauty of the existing architecture with white, black and gold predominating. Natural light is used brilliantly. A style twist is brought in with a careful selection of contemporary furniture. But the real treasure is the swimming pool on the rooftop with stunning views.

Este palacio que domina el centro histórico de Ibiza ha recuperado su antiguo esplendor gracias a la impresionante renovación realizada por sus propietarios, Mucki y Christian Braun. El edificio, del siglo XVIII, se eleva cerca de la catedral y disfruta de amplias vistas del casco antiguo y del puerto. El inmueble había permanecido deshabitado durante treinta años y se encontraba en estado de ruina cuando los Braun lo compraron. Mediante diversas obras anteriores el interior se había subdividido en salas pequeñas, perdiendo progresivamente su grandeza original.

La remodelación duró tres años, debido principalmente a la dificultad de introducir las grandes máquinas en el emplazamiento. Pero poco a poco el palacio recuperó su esplendor. El vestíbulo de entrada, con arcos, marcos y columnas de caliza, y una espléndida escalera con delicadas barandillas de hierro forjado, ofrece un anticipo de la magnificencia que aguarda.

Se aplicó un diseño minimalista para subrayar la belleza de la arquitectura existente, con predominio de los colores blanco, negro y dorado. La luz natural se aprovecha con brillantez y una esmerada selección de mobiliario contemporáneo aporta un cambio de estilo. Pero el auténtico tesoro es la piscina de la azotea, con sus asombrosas vistas.

092 Can Ramos

The house sits on a small, 304 m² plot of land. This was no impediment for the architect, Juan Echeverría, who designed a house that is tasteful, environmentally sound and developed down to the last detail making the most of the limited space available. Anchored into the hillside, with a small footprint, this vertically oriented house takes advantage of views of Santa Eulàlia and the sea beyond. Its design combines modern flair and functionality. The general monolithic appearance is counterbalanced with large openings screened with horizontal elements, which provide for privacy and protection from the sun.

Approaching the house you are aware of the powerful energy and positiveness that it radiates. This feeling is progressively intensified as you enter the house. In fact, what the house lacks in space, it makes up for in character. All the rooms are connected gracefully and the circulation flows effortlessly. Mosaic tiled walls and micro-cement flooring, both in grey tones, warm up the interior, while a reclaimed wood-planked feature wall is an example of the eco-friendly aspect of the house.

The house is designed around solar energy and other renewable energy innovations such as a green roof and rainwater collection for ultimate green living.

La casa se construyó sobre una pequeña parcela de terreno de 304 m². Esto no resultó ser un impedimento para que el arquitecto, Juan Echeverría, diseñara una casa con buen gusto, cuidado del medio ambiente y un aprovechamiento máximo del limitado espacio disponible. Anclada en la ladera de la montaña, en el interior de una pequeña huella, esta casa de orientación vertical disfruta de unas magníficas vistas de Santa Eulàlia y, mas allá, del mar Mediterráneo. Su diseño combina el estilo moderno con la funcionalidad. Su aspecto monolítico se compensa con unas grandes aberturas horizontales, que proporcionan privacidad y protección contra el sol.

Al acercarse a la casa uno es consciente de la poderosa energía y del positivismo que irradia. Este sentimiento se intensifica progresivamente al entrar en ella. De hecho, la falta de espacio se compensa con personalidad. Todas las habitaciones están conectadas de forma natural, por lo que la circulación entre ellas fluye sin esfuerzo. Paredes recubiertas de azulejos de mosaico y suelos de microcemento en tonos grises calientan el interior. Por otro lado, una pared de tablones de madera recuperada da ejemplo del carácter ecológico de la vivienda.

La casa está diseñada en torno a la energía solar y otras innovaciones de energía renovable, tales como un techo ecológico y la recogida y reutilización de aguas pluviales.

098 Bruno Salinas

As you approach this house from above on its gently sloping site, most of its bulk is hidden below grade. The portico and entry peek up at the entry level, along with a sculptural, three-dimensional broken grid or columns and beams that suggest a missing upper floor. The great majority of the house is down one level and looks out across a wide and tranquil expanse of ancient salt pans. The pans were originally developed by Phoenician colonists millennia ago. The decent down the main stair from the entry is just the first, and largest, level change in a house full of split-levels that subtly modulate the spaces. The heights of ceilings also modulate the spaces, all of which are ample and uncluttered. White contrasted with black on the interior mimics the stark white, cubic, forms of the exterior with their strong dark shadows cast by the intense Mediterranean sun. Sparingly color is added, mainly in the form of abstract paintings, which are the creations of Bruno Reymond, owner and designer. More black and darker shades are used in the bathrooms, again with just small splashes of color. All this makes the perfect frame for an absolutely museum-like collection of modern furniture and contemporary art created by Bruno Reymond himself.

A medida que uno se acerca a esta casa desde arriba, desde la suave loma donde está emplazada, descubre que la mayor parte de su volumen se oculta bajo el nivel del suelo. El pórtico y la entrada se asoman a la altura del acceso, junto con una estructura fragmentada, tridimensional y escultórica de columnas y arquitrabes que sugieren una planta superior que no existe. La mayor parte de la construcción está un piso más abajo y da a una enorme y plácida extensión de salinas antiguas, desarrolladas originalmente por los colonos fenicios hace unos tres mil años. El descenso por la escalera principal desde la entrada es apenas el primero, y el mayor, de los numerosos cambios de nivel que, al igual que la altura de los techos, modulan sutilmente los espacios, todos ellos amplios y despejados. El blanco contrastado con el negro del interior remeda las marcadas formas blancas y cúbicas del exterior, con definidas sombras oscuras proyectadas por el intenso sol mediterráneo. Se han añadido algunas escasas notas de color, principalmente en forma de pinturas abstractas, obra de Bruno Reymond, propietario y diseñador de la vivienda. Más negro y tonos más oscuros presentan los baños, también con muy pocos toques de color. Todo esto constituye el marco perfecto para la colección de mobiliario y arte moderno creada por Bruno Reymond, que es absolutamente digna de un museo.

104 Christian Audigier

As soon as Christian Audigier, creator and designer of the Ed Hardy brand, bought this apartment near Ibiza's harbor, he hired Eric Kuster and partner Natasha Lampie to revamp the original 150-m² space. In an amazing short period of time, the new owner had a fabulous new home where he and his girlfriend, Brazilian model Nathalie, could spend the summer. The apartment has a loft-like feel, with a large living area including an open kitchen and a large terrace for alfresco dining or the perfect setting for a party, with Ibiza's old walls and harbor as a backdrop.

The decoration is an eclectic mix of ethnic objects like mirrors from Bali, vintage items such as a red Coca-Cola cooler from the 50's, and modern furniture like the Victor sofa created by interior designer Eric Kuster.

Natasha Lampie was responsible for transforming an otherwise nondescript covered terrace into an oasis designed with unique Moroccan touches: throw pillows and poufs in vibrant colors, glass and bronze lanterns and low brass tables. This semi-open space, screened-off from the outside by bamboo and palm-like plants, is a quiet and secluded retreat, but connected to the spacious master bedroom.

Tan pronto como Christian Audigier, creador y diseñador de la marca Ed Hardy, compró este apartamento cerca del puerto de Ibiza, contrató a Eric Kuster y su socia Natasha Lampie para renovar un espacio muy original de 150 m². En un muy corto período de tiempo el nuevo propietario disfrutó de una nueva y fabulosa casa donde él y su novia, la modelo brasileña Nathalie, podrían veranear.

El apartamento tiene el aspecto de un *loft*. Una gran zona de estar con cocina abierta y una gran terraza son el escenario perfecto para una cena al aire libre o una fiesta, con las paredes antiguas típicas de la arquitectura de Ibiza y el puerto como telón de fondo.

La decoración es una mezcla ecléctica de objetos étnicos —como unos espejos de Bali—, de elementos de época —como una nevera Coca-Cola de color rojo de los años cincuenta— y de piezas de mobiliario moderno, como el sofá Victor creado por el diseñador de interiores Eric Kuster.

Natasha Lampie fue la responsable de transformar una anodina terraza cubierta en un oasis diseñado con toques marroquíes: cojines y pufs de colores vibrantes, lámparas de bronce y mesas bajas de latón. Este espacio semiabierto, aislado del exterior por medio de bambú y de unas plantas en forma de palmera, es un lugar tranquilo y recogido, pero conectado con el dormitorio principal.

112 Casa Jesús Dita

The house originally built in the 80's follows a rustic style. Respecting the original shapes and proportions, the new project introduces spaces illuminated through large sliding glass doors transforming the once gloomy construction into the luxury villa that is now. Facing south-west, the house benefits of the views of Dalt Vila, the old town, and the sea from Figueretas up to Cala Jondal. The original cypresses, palms and yuccas were maintained and combined with native and tropical plants. The design of the house responds to the architect's taste for minimalistic design approach. Diederik van Maren has created a bright and airy home, where the design expression lays in the materiality of the surfaces. Stone floors dominate and white walls and ceilings bring continuity throughout the different areas. The heights of the ceilings, in places featuring the sabina wood beams, and strategically placed steps modulate the spaces, all of which are spacious and uncluttered. An absolutely museum-like collection of contemporary art brings splashes of color to this simple yet welcoming home.

La casa originalmente construida en los ochenta sigue un estilo rústico. Respetando las formas y proporciones originales, el nuevo proyecto introduce espacios iluminados naturalmente a través de grandes puertas correderas que transforman la melancólica construcción de antaño en la villa de lujo que es ahora. Con orientación suroeste, la casa se beneficia de las vistas de Dalt Vila, el casco antiguo, y el mar, desde Figueretas hasta Cala Jondal. Se respetaron los cipreses originales, palmeras y yucas, combinados ahora con plantas locales y algunas de origen tropical. El diseño de la casa responde al gusto minimalista del arquitecto.
Diederik van Maren ha creado una casa luminosa y aireada, donde la expresión de diseño se materializa en los materiales de las superficies. Dominan los suelos de piedra, y los techos y paredes en color blanco. Las alturas de los techos en los espacios que muestran las vigas de madera de sabina y los escalones colocados estratégicamente modulan los amplios espacios. Una colección de arte contemporáneo, casi de museo, aporta notas de color a esta sencilla y acogedora residencia.

Villa Darshan has breathtaking views of Es Vedrà and Es Vedranell, south east of the island of Ibiza. The shape of Es Vedrà, the larger of the two, reminds of a laying dinosaur with a sharp crest and its head sunk under the sea surface. Es Vedrà is occasionally covered in fog, which adds to its mysterious aspect and not surprisingly many stories and legends surround this uninhabited islet. The views towards Es Vedrà offer nonetheless incomparable sunsets.

The existing house was an indistinct construction of the eighties when it fell in the hands of the designers who turned it into a little marvelous jewel bridging rural and urban aesthetics and bringing a layer of exotic flair through Moroccan and Balinese cultural elements. The house preserves its traditional cubic configuration with rooms revealed through pointed Islamic, and bell arches, and screens made of thick twisted vines. The *tadelakt*, so commonly used to coat outside and inside walls in Morocco, creates soft undulations that shine in the light. Pebble floors in the rooms invite to walk around the house bare foot. It's all about sensations, and exaltation of the senses through visual and tactile textures.

Villa Darshan tiene impresionantes vistas a los islotes de Es Vedrà y Es Vedranell, al sudeste de la isla de Ibiza. La forma de Es Vedrà, el más grande de los dos, recuerda a un dinosaurio yacente, de cresta afilada, con la cabeza sumergida en el mar. De vez en cuando, Es Vedrà queda envuelto por la niebla, lo que aumenta su misteriosa apariencia y, como es de esperar, las numerosas historias y leyendas relacionadas con este islote deshabitado. No obstante, las vistas a Es Vedrà ofrecen unas puestas de sol incomparables.

La casa original era una construcción poco memorable de los años ochenta cuando llegó a las manos de los diseñadores, quienes la convirtieron en una pequeña joya maravillosa al tender un puente entre la estética rural y la urbana y darle un aire exótico con elementos de las culturas marroquí y balinesa. La casa conserva su configuración cúbica tradicional, con salas a las que se llega a través de arcos ojivales islámicos y de herradura, y mamparas de gruesas y retorcidas vides. El *tadelakt*, usado en Marruecos para recubrir paredes exteriores e interiores, crea suaves ondulaciones que brillan a la luz. Las habitaciones presentan suelos de guijarros que invitan a caminar descalzo por la casa. La clave son las sensaciones: la exaltación de los sentidos a través de las texturas visuales y táctiles.

124 Casa Uma

The original house by architect Rolf Blakstad was constructed in the authentic Ibizan way, making use of traditional materials and forms. These are in contrast with contemporary design elements such as the expansive panes of glass and the sunny terraces with a pool. Perched on a hillside of pine trees and with views of the mystical Es Vedrà, the terraces around the house cascade down the hill. Yvonne Hulst and Alberto Cortés brought in their *savoir faire* to renovate the house while maintaining its original structure. The house stands on two floors: the entry at the top level leads to the spacious living area defined by a grid of square columns that frames the vistas. Asian and North African flavors are brought in by new natural finishes – mostly on the floors – and by the Moroccan lamps that harmonize with the existing sabina and olive wood ceilings. The rustic quality of these materials contrasts with the sleek lines of modern furnishings to create a calm and intimate home. This constitutes a design concept which has become signature of Yvonne and Alberto's sensitive work. It is perceived from the moment one crosses the threshold of the monumental Balinese sliding gate.

La casa original del arquitecto Rolf Blakstad fue construida al modo ibicenco auténtico, usando materiales y formas tradicionales. Estos contrastan con los elementos de diseño contemporáneo, como los amplios ventanales de vidrio y las soleadas terrazas con piscina. Las terrazas que rodean la casa, asentada en una ladera de pinos con vistas a la mística Es Vedrà, están dispuestas en cascada colina abajo. Yvonne Hulst y Alberto Cortés aplicaron sus conocimientos a la renovación de la vivienda manteniendo su estructura original. La casa está formada por dos plantas: la entrada del nivel superior lleva a la espaciosa zona de estar, definida por una cuadrícula de columnas cuadradas que enmarca las vistas. El resultado presenta toques asiáticos y norteafricanos aportados por los nuevos acabados naturales –principalmente en los suelos– y las lámparas marroquíes que armonizan con los techos existentes de madera de olivo y sabina. La rusticidad de estos materiales contrasta con las líneas elegantes del mobiliario moderno creando un hogar íntimo y tranquilo. Este concepto de diseño, que se ha convertido en la firma del trabajo, lleno de sensibilidad, que realizan Yvonne y Alberto, se aprecia desde el momento en que uno cruza el umbral de la monumental puerta corredera balinesa.

130 White House

Architecture, art and nature merge in this house that was originally build by a rich American heiress for her lover. The architecture, simple and refined, is open to the natural environment and makes the most of the incomparable views over the turquoise sea towards Formentera. The separation between interior and exterior are minimized to the extent that the different volumes that constitute this house seem to cascade down the hillside as a reference to the rocky morphology of the site that characterizes the island's coastline. The white building stands out with an old wood door; an overwhelming 24.6 square feet (7,50 meters) high gate to a comfortable and peaceful retreat. This monumental gate gives way to a large room, which contains the living room dominated by a fireplace, a kitchen and a dining area. Numerous exotic treasures from all over the world combined with carefully selected contemporary art pieces, early twentieth century posters, constitute the décor that confer the room with a personal atmosphere. Upstairs, access to the rooms and the circulation are carefully planned to feel fluid and to reinforce the ampleness of the spaces.

Arquitectura, arte y naturaleza se funden en esta casa, construida originalmente por una rica heredera americana para su amante. La arquitectura, sencilla y refinada, se abre al entorno natural y aprovecha al máximo las incomparables vistas del mar turquesa en dirección a Formentera. La separación entre el interior y el exterior se ha minimizado hasta el punto de que los diferentes volúmenes que constituyen la casa parecen descender en cascada por la ladera, en la que se encuentra ubicada imitando la morfología rocosa que caracteriza la costa de la isla. La blanca construcción destaca por su vieja puerta de madera, un abrumador portalón de 7,5 metros que encierra un retiro cómodo y tranquilo. Este monumental portalón da paso a una gran estancia que alberga el salón –dominado por la chimenea–, la cocina y el comedor. Numerosos tesoros exóticos de todo el mundo, combinados con una cuidada selección de obras de arte y pósteres de los primeros años del siglo XX, aportan a la estancia una atmósfera personal. En el piso de arriba, el acceso a las habitaciones y la circulación se han planificado meticulosamente para dar sensación de fluidez y reforzar la amplitud de los espacios.

An existing house built in the seventies is the object of an extensive remodel. It already fulfilled the main requirements of the new owners, Jean-Marie Surcin and Jorge Alonso, who had in mind a single-floor home on a secluded site. Despite the structure being in good condition, the interior of the house was divided into many small rooms, which needed re-organization. They also envisioned their house surrounded by a pool of water.

The design combines the owners' passion for a Japanese aesthetic of clean, fluid lines, and their taste for northern European 50's and 60's furniture. These design features coexist harmoniously with the objects and artifacts that Jean-Marie and Jorge have collected during their many years of travel.

The remodel turns the existing house around to take advantage of a better sun orientation. Miguel Ángel, the landscape designer, has achieved an Asian atmosphere with a profusion of strelitzias and sparingly planted palm trees. Overall, the use of stone, wood, corrugated steel and the palette of soft colors take us to a tropical hideaway of peace and tranquility.

El proyecto de esta casa, aún antes de ser comenzada, implicaba una cierta dificultad. La idea que los propietarios Jean-Marie Surcin y Jorge Alonso tenían en mente era que debía ser un terreno cerrado, en una sola planta. Esta casa, extrañamente, cumplía esas condiciones, pero a pesar de que estaba en muy buen estado era la típica casa de los años setenta, con muchos espacios muy pequeños. En el primer momento que la vieron pensaron que lo único que podía hacerla interesante, además de modificar los espacios interiores, era rodearla de un espejo de agua.

Había que conjugar las la fascinación de los propietarios por las líneas depuradas y rectas del zen japonés, la calma y el silencio de Asia, con el estilo mobiliario del norte de Europa de los años cincuenta y sesenta. En este aspecto, debían convivir en perfecta armonía distintos estilos, gustos y nuevas tendencias, y también aprovechar aquellos objetos y experiencias acumuladas en viajes en el transcurso de los años.

La remodelación de la casa implicó replantear su distribución y abrir los espacios de manera que fuera posible disfrutar de su orientación privilegiada. El sol está presente a todas horas del día, en el jacuzzi y la piscina, en el amplio salón y dormitorio.

Miguel Ángel, el paisajista, diseñó un jardín de fuerte carácter asiático. Combinado con la piedra, la madera, el acero oxidado y los colores utilizados en la decoración, nos transporta a un oasis tropical de paz y tranquilidad.

142 Can Lagarto

When Birgit Lauda and her husband, who has a very time-consuming and energy-draining occupation in the literally fast world of Formula One, were shown this stunning villa, they immediately fell in love with it. It had originally been design by architect Rolf Blakstad.

The villa shares a common trait with the other Blackstad houses on the island: the fusion of Ibizan authenticity with modernity. But, like every single one of them, it has its particularities, intrinsically linked to the site.

The villa is an amalgam of stone clad and whitewashed volumes that generate unique interior spaces, picturesque patios, and terraces with views. The articulation of volumes takes a step further in the interior, creating a succession of rooms connected by arched doorways. A truss roof, like the kind one finds in industrial lofts or in country houses, is a dominant feature.

Birgit Lauda had a good eye in choosing the furniture, as well as the art that decorates the walls. Worth mentioning is *The Tree Ballerinas* by Renata Clary. The combination of architecture and décor achieves a casual, yet elegant atmosphere.

At her housewarming party, Birget's friend Uwe Richtberg, who is a real-estate agent based on the island and very familiar with the house, praised her exceptional work. Meanwhile, guests were mingling around the pool with views of Ibiza town. These were memorable moments that Birgit had imagined the moment she entered the estate for the first time.

Cuando mostraron esta villa a Birgit Lauda y a su marido, que tiene un trabajo trepidante en el rápido mundo de la Fórmula 1, fue amor a primera vista. La vivienda había sido originalmente diseñada por el arquitecto Rolf Blakstad.

La villa comparte una característica con las demás casas de Blakstad de la isla: su fusión de autenticidad ibicenca y modernidad. Sin embargo, como cada una de ellas, tiene sus particularidades, ligadas de forma intrínseca al lugar.

La construcción es una amalgama de volúmenes de piedra y encalados que generan espacios interiores únicos, patios pintorescos y terrazas con vistas. La articulación de los volúmenes se traduce en el interior en una sucesión de habitaciones conectadas por arcos de medio punto. La cubierta de cerchas de madera, como las que se encuentran en los *lofts* industriales o en las casas de campo, es uno de los rasgos dominantes.

Birgit Lauda tuvo buena mano escogiendo el mobiliario y los cuadros. La obra *Las bailarinas del árbol*, de Renata Clary, es digna de mención. La combinación de arquitectura y decoración consigue una atmósfera informal, relajada y, aun así, elegante.

En la fiesta de inauguración de la casa, Uwe Richtberg, un agente inmobiliario amigo de Birgit, residente en la isla y muy familiarizado con la casa, elogió su excepcional trabajo. Mientras tanto, los invitados se reunían alrededor de la piscina con las vistas de la ciudad de Ibiza de fondo. Fueron momentos memorables que Birgit había imaginado desde el instante en que entró en la finca por primera vez.

148 Casa Salinas

Casa Salinas is a perfect place for sunset watching and an ideal setting for a calm retreat. Nestled amongst pine trees, a stone and whitewashed house offers the best of indoor and outdoor living. Its special character lays in its simplicity that plays in favor of the architecture and the space in harmony with the natural setting. All the rooms open to shaded terraces, porches and gardens. They offer unpretentious comfort imparted by the natural materials that make for easy living and maintaining.

With no disguise that distracts from their essence, stone and wood form the structure and the decoration of the house. Like abstract paintings, the rough walls are displayed with whitewash frames that brighten up the almost primitive interior. The beauty of the house rests in the imperfections and irregularities of the surfaces and make for an appropriate background for the hand-crafted pieces of furniture that sparsely fill the rooms.

The house encourages informal living with the kind of peace and solitude only nature can provide. It is a place for relaxing, for curling up with a glass of good wine and for watching fantastic sunsets over the salt pans.

Casa Salinas es el lugar perfecto para ver ponerse el sol y el entorno ideal en el que encontrar un remanso de paz. Esta casa de piedra y paredes encaladas enclavada entre pinos ofrece lo mejor de la vida hogareña y al aire libre. Su carácter especial reside en su sencillez, que favorece una arquitectura y unos espacios en armonía con el entorno natural. Todas las salas dan a jardines, porches y terrazas protegidos del sol, y ofrecen una comodidad sin pretensiones gracias al uso de materiales naturales prácticos y de fácil mantenimiento.

Sin disfraces que distraigan de su esencia, la piedra y la madera forman la estructura y la decoración de la vivienda. Como si de pinturas abstractas se tratase, las ásperas paredes se muestran enmarcadas en bordes encalados que iluminan el interior, casi primitivo. La belleza de esta casa reside en las imperfecciones e irregularidades de las superficies, que constituyen el fondo apropiado para los escasos muebles, todos artesanales, que salpican las salas.

La casa invita a un modo de vida informal, con la clase de paz y soledad que solo la naturaleza puede ofrecer. Es un lugar para relajarse, para acurrucarse con una copa de buen vino y ver fantásticas puestas de sol sobre las salinas.

154 Can Cama

This old finca, situated on the hillside of Sant Joan, combines comfortable luxury with modern, ethnic and Mediterranean influences. It is equipped with all commodities but maintains the rustic feel of the original house with its beautiful wooden ceilings and soft-edged walls. A neutral scheme of soft colors is used to provide a backdrop for the artwork and furniture producing a cool, comfortable, stylish atmosphere. An expression of seamless blend of Moroccan and Nordic styles delights through its relaxed elegance. Further, modern classics such as La Chaise, designed by Charles and Ray Eames, add a contemporary touch to the sophisticated interior.

The exterior surrounding of the house is just as meticulously appointed as its interior; a cozy sitting area inspired in the traditional Moroccan tent decoration is set up in a secluded corner of the garden with low seating, leather ottomans, brass tray tables, Berber rugs and lanterns. Densely verdant vegetation is let to spill over the old stone walls. This gives a marvelous setting for alfresco dining while watching the picturesque sunset.

Esta vieja finca situada en una colina de Sant Joan combina lujo y confort con un estilo moderno, étnico y profundamente mediterráneo. Está equipada con todas las comodidades, sin por ello perder el toque rústico de la casa original, con sus bellos techos de madera y sus gruesas paredes de esquinas redondeadas. La combinación de colores neutros y suaves resalta la artesanía y el mobiliario y genera un ambiente fresco, cómodo y lleno de estilo. Esta expresión de una mezcla perfecta de estilo marroquí y nórdico deleita por su elegancia relajada. Además, algunos clásicos modernos, como La Chaise, diseñada por Charles y Ray Eames, añaden una nota contemporánea al sofisticado interior.

El exterior que rodea la casa está decorado con tanta meticulosidad como el interior: en un rincón apartado del jardín hay montada una agradable sala de estar inspirada en la decoración tradicional de las jaimas marroquíes, con asientos bajos, otomanas de piel, mesitas de latón, lámparas y alfombras bereberes. El verdor de la exuberante vegetación rebosa por encima de los viejos muros de piedra y proporciona un marco maravilloso para cenar al aire libre contemplando la bella puesta de sol.

162 Casa Corazón del Mar

The local *finca* model serves as a basis for the renovation of this house, which was originally built during the 70's. The existing structure, located at the top of a rocky hill on the west coast of the island, is composed of various volumes articulated by porches.

The back of the house has terraces, porches and large windows opening up to the pool area and to the views. The front is true to the vernacular architecture. It's composed of geometric forms, clean lines and crisp white surfaces that create a strong contrast with the rough natural stone walls. These are punctured with few openings facing a Mediterranean garden.

The interior is a reflection of the exterior. Natural materials are the elements of a language that gives the house its *raison d'être*. There are contrasts between contemporary and traditional finishes such as the polished micro-cement flooring and the rough Sabina wood beams. The whole is rounded off with ethnic decorative details from Bali and Morocco. Altogether, they convey an ultimately relaxing, bohemian-chic atmosphere.

La finca local prototípica sirvió como referencia para la renovación de esta casa, construida originariamente durante los años setenta. La estructura existente, que se encuentra en la cima de una colina rocosa en la costa oeste de la isla, se compone de varios volúmenes articulados por medio de porches.

En la parte posterior de la casa se encuentran terrazas, porches y unos grandes ventanales que se abren a la zona de la piscina y a las vistas de los alrededores. La parte frontal es fiel a la arquitectura vernácula. Se compone de formas geométricas, líneas limpias y superficies blancas almidonadas que crean un fuerte contraste con las paredes de piedra natural en bruto. Estos muros, por su parte, son atravesados por unas aberturas orientadas hacia un jardín mediterráneo. El interior es reflejo del exterior. Los materiales naturales son los elementos de un lenguaje que otorga a la casa su razón de ser. Hay contrastes claros entre acabados contemporáneos y tradicionales, como el que se observa entre el suelo de microcemento pulido y las vigas de madera de sabina sin tratar. El conjunto se completa con detalles decorativos étnicos originales de Bali y Marruecos y transmite, en definitiva, una atmósfera relajante de estilo bohemio y chic.

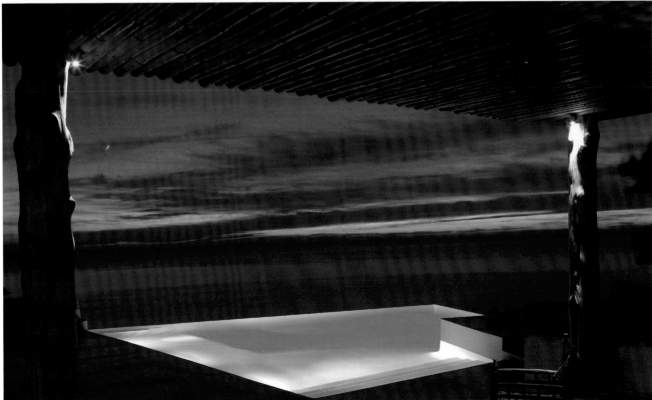

170 Can Rafal

Paco Asensio always had a soft spot for Ibiza, especially for the port area known as La Marina. With an eye on its red-hot real-estate market, he found an apartment tailored to his needs.

The apartment, built in the early nineteen hundreds, has original architectural features such as cement tiles, high ceilings, and tall windows that have been maintained unchanged throughout the years. Photographer Conrad White, who used this apartment as a live-work space, embarked on its redesign. The apartment has a living room, kitchen, bathroom and two small bedrooms.

The decoration took place progressively creating an ensemble where old and new coexist. The décor combines modern classic furniture and antiques and is rounded off with contemporary artwork. The apartment gets a new life, where bohemian style pairs with a creative atmosphere in a perfect balance between work and personal life. The photographer then resorted to color to delimit spaces and create focal points with the aim of stimulating emotions.

Paco Asensio siempre ha sentido debilidad por Ibiza, especialmente por la zona portuaria conocida como La Marina. Prestando atención a su puntero mercado inmobiliario, encontró un apartamento a su medida.

La vivienda, construida a principios del siglo XX, cuenta con elementos arquitectónicos originales que se han mantenido intactos a lo largo de los años, como azulejos de cemento, techos altos y grandes ventanas. El fotógrafo Conrad White, que utilizaba este apartamento como espacio para vivir y trabajar, se embarcó en su rediseño. El apartamento se compone de sala de estar, cocina, baño y dos dormitorios pequeños.

La decoración se desarrolló de forma progresiva creando un conjunto en el que lo antiguo y lo nuevo coexisten. Combina muebles clásicos de hoy con antigüedades, y se remata con piezas de arte contemporáneo. De este modo, el apartamento adquirió un aire nuevo, en el que se mezclan un estilo bohemio y una atmósfera creativa en un perfecto equilibrio entre trabajo y vida personal. En último lugar, el fotógrafo recurrió al color para delimitar los espacios y crear puntos focales con el objetivo de estimular las emociones.

174 Can Contemporánea

Ibizan interior designer Rebeca Pérez received a commission for the remodel of an existing vacation home, to make it suitable both for family use and entertainment. Her striking minimalist design goes beyond just pure white surfaces to incorporate accent colors and dazzling LED lighting to enhance the positive energies of the house.

The home is organized on two floors. The upper level where the entrance is, is comprised of a living area and the master en-suite bedroom opening onto a terrace and pool with sweeping views. On this floor there is a 240 cm diameter wall clock incorporating an RGB LED system, which really stands out.

Access to the lower floor is via a beautiful spiral stair in stainless steel and acrylic. Both the stair and the wall clock were designed by the architecture studio Atlant del Vent headed by Jaime Serra. The lower floor is comprised of guestrooms and a multipurpose lounge great for receiving friends, watching movies, listening to music or having drinks. All the furnishings and décor are custom-made, like the curvy ten-meter-long sofa lining one wall, and the sectional benches, the circular shape of which echoes the spiral stair and the wall clock. The lounge is completed with a DJ booth and a bar in Corian also designed to fit the space.

La interiorista ibicenca Rebeca Pérez recibió un encargo para remodelar y adecuar al uso familiar y al ocio una casa de vacaciones ya existente. Su diseño minimalista y sorprendente va más allá de las superficies blancas puras para incorporar colores y ledes deslumbrantes y aumentar la energía positiva.

La casa se organiza en dos plantas. El nivel superior, donde se encuentra la entrada, se compone de una sala de estar, del dormitorio principal con terraza y de una piscina con vistas panorámicas. En esta misma planta se encuentra colgado un reloj de pared de 240 cm de diámetro que incorpora un espectacular sistema led RGB.

El acceso a la planta baja se realiza a través de una hermosa escalera de caracol de acero inoxidable y acrílico. Tanto la escalera como el reloj de pared fueron diseñados por el estudio de arquitectura Atlant del Vent, encabezado por Jaime Serra. La planta baja la forman los dormitorios y un salón multiusos ideal para recibir amigos, ver películas, escuchar música o compartir bebidas. La decoración y todos los muebles se hicieron a medida, como el sofá en curva de diez metros de largo, los revestimientos de pared, los bancos, la escalera de forma circular y el reloj de pared. El salón se completa con una cabina de DJ y una barra de bar de Corian, también diseñada para adaptarse al espacio.

180 Torres de Buscastell

An exceptional setting with sea and mountain views in the unspoiled Buscastell area is the backdrop for this unique country estate dating back 200 years and surrounded by ten hectares of farmland and pine forest. The property also features a guesthouse designed in the pure Ibizan style. It is separated from the main house by a path in the forest.

The bones of the main structure were already imposing: originally a farmhouse, the building was recently refurbished and transformed into a sumptuous residence reminiscent of a Tuscan villa. The new owner, Frits Thieme, supervised the work himself, preserving the original natural stone walls.

A close connection between the interior of the house and the surrounding landscape is achieved by means of large openings and terraces to make the most of outdoor living. Frits furnished the mansion with an exquisite mixture of modern classics and antique furniture, accompanied by numerous art pieces and artifacts mounted on the walls.

The tall square tower, which has been thoroughly restored and adapted for modern living, is an independent accommodation, including a kitchen.

Un marco excepcional con vistas al mar y a la montaña en el área de Buscastell es el telón de fondo de esta finca rural única que data de hace 200 años, rodeada de diez hectáreas de tierras de cultivo y bosques de pinos. La propiedad también cuenta con una casa diseñada al más puro estilo ibicenco, separada del módulo principal por un camino en el bosque.

Originariamente concebido como casa de campo, el edificio fue reformado y transformado en una suntuosa residencia que recuerda a una villa toscana moderna. El nuevo propietario, Frits Thieme, supervisó personalmente el trabajo, y conservó las paredes originales de piedra natural.

Se ha logrado una estrecha relación entre el interior de la casa y el paisaje que la rodea, gracias a unas grandes aberturas y a un conjunto de terrazas construidas para aprovechar al máximo la vida al aire libre. Frits amuebló la mansión con una exquisita mezcla de muebles antiguos y de clásicos modernos, acompañados de numerosas piezas de arte y artefactos montados en las paredes.

La torre cuadrada, que ha sido cuidadosamente restaurada y adaptada para la vida contemporánea, es un alojamiento independiente e incluye una cocina.

190 Casa Natascha

This estate, owned by Natascha Lampie, captures the essence of the sunny Mediterranean coast heavily influenced by Spanish churches of colonial America. Right away from the entrance one is aware of the large amount of religious decorations used in some parts of the house.

A mission style archway leads to a large courtyard around which a white stucco house with arcaded porches invites placid relaxation. These porches, deep and shady, are incorporated into the living area in order to extend the interior spaces to the exterior.

All the spaces flow continuously and display a fusion of contemporary design and traditional elegance. The white walls that typify Ibizan architecture contrast with the dark concrete floor which, through the large glass French doors in the living area, extends to the terrace that overlooks the pool area.

The house has views of the salt pans, an impressive landscape of shimmering ponds filled with "white gold" that the Phoenicians were already trading over two thousand years ago. Ses Salines is an ecological valued treasure on the island and an attraction for visitors.

Esta propiedad de Natascha Lampie captura la esencia de la soleada costa mediterránea, al tiempo que se deja influir por las iglesias españolas de la América colonial. Desde la entrada se respira la gran trascendencia religiosa que emana de la decoración de diferentes partes de la casa.

Una arcada de estilo misión conduce a un gran patio, alrededor del cual la casa de estuco blanco con porches invita a la plácida relajación. Estos porches de arcadas, profundos y sombríos, se incorporan a la residencia para prolongar los espacios interiores hacia el exterior.

Todos los espacios fluyen y muestran una fusión de diseño contemporáneo y elegancia tradicional. Las paredes blancas que caracterizan la arquitectura ibicenca contrastan con el suelo oscuro de hormigón, que, a través de las grandes puertas de doble hoja en el salón, se prolonga hasta la terraza, desde la que se domina la piscina.

La casa tiene vistas a las salinas, un impresionante paisaje de charcas brillantes llenas del «oro blanco» con el que ya comerciaban los fenicios hace tres mil años. Ses Salines es el tesoro ecológico de la isla, y un atractivo para los visitantes.

196 Ibiza Hills

Ibiza's appeal lies in the bustling nightlife and the breathtaking natural setting. Not surprisingly, those who visit the island for the first time are told it won't be long before they return. So much so that the fortunate ones, able to afford the high prices of the island's real estate, go back to build their "dream home".

The client who was not looking for a typical white-washed finca was attracted by the strong geometric character of an unfinished construction abandoned on a steep hillside. Architect Bruno Erpicum was commissioned the restoration of this house; he took full advantage of its original three-level terraced concrete structure creating sun decks and large windows. The house, which combines geometric forms, is painted an intense grayish-green color that, from a distance, blends with the natural surrounding; from up close, the composition of the house seems to derive from various artistic avant-gardes such as Suprematism and Neo-Plasticism and also making reference to Constructivist architecture.

Designer María Rodríguez Carreño took care of the interior arranged around a central patio, masterfully succeeding in creating a home full of color and light.

El atractivo de Ibiza reside en su bulliciosa vida nocturna y su impresionante entorno natural. No sorprende que a quienes viajan a la isla por primera vez se les diga que no tardarán en volver a visitarla. Tanto es así que los afortunados que se pueden permitir los elevados precios de la vivienda de Ibiza regresan para construir en ella la casa con la que siempre han soñado.

Un cliente que no buscaba la típica finca encalada se sintió atraído por el pronunciado carácter geométrico de una construcción sin acabar abandonada en una ladera empinada. El arquitecto Bruno Erpicum recibió el encargo de restaurar la vivienda y aprovechó a la perfección la estructura original de tres niveles escalonados de hormigón, creando terrazas y grandes ventanales. La casa combina formas geométricas y está pintada de un intenso color verde grisáceo que, a cierta distancia, se difumina con el entorno natural; de cerca, la composición de la casa parece derivar de diversas vanguardias artísticas como el suprematismo y el neoplasticismo, con referencias también a la arquitectura constructivista.

La diseñadora María Rodríguez-Carreño se ocupó del interior, dispuesto en torno a un patio central, y creó magistralmente un hogar lleno de color y luz.

202 Can Curt

In the green hills of the Morna Valley, young designer Philip Gonda designed the interior and the exterior of Can Curt. His inspiration has been clearly his home island, Ibiza, and the Island of the Gods, Bali, located in the Ring of Fire, merging contemporary and Ibizan styles with Asian, Balinese influences.

In its origin Can Curt was a very steep wild pine forest located on a hillside of the Atzaró mountain in Sant Carles. Philip and his partners Victor and Jaume Guasch created split level terraces, gaining more land around the house, to be able to design the garden and pool area, looking like an Asian garden with a ingenious lighting and many running water parts. Some bathrooms are situated in the open air –as well as an outside living–, as this is usual in the tropics. The stone bathtubs are accompanied by a lava stone sculpture against an Ibizan stone wall.

The walls inside are made of black lava stone, from Bali, while the ceilings are made of original Ibizan Sabina wood; on the floors there is natural stone from Indonesia. The woodwork the doors, windows and furniture are all handcraft, and were done in Bali and shipped to Ibiza together with the typical *joglos*, the little handmade Balinese houses, that were put in as pool houses near the pool. Also the paintings were done by a local artist discovered in Ubud, a Balinese village.

This 700 m² living area and its 30,000 m² ground hide a perfect mixture between Bali and Ibiza, or, in other words, the best of both worlds.

En las verdes colinas del valle de Morna, el joven diseñador Philip Gonda proyectó el interior y el exterior de Can Curt. Su inspiración fue, claramente, su isla, Ibiza, y la isla de los dioses, Bali, situada en el Anillo de Fuego. El resultado es una mezcla de los estilos ibicenco y contemporáneo con influencias asiáticas en general y balinesas en particular.

Originariamente, Can Curt era una pineda salvaje muy escarpada situada en una ladera de la montaña de Atzaró, en Sant Carles. Philip y sus socios Victor y Jaume Guasch crearon terrazas en varios niveles, con lo que se ganó terreno alrededor de la casa y se pudo proyectar el jardín. Algunos baños –así como un salón de estar– se han situado al aire libre, cosa que es habitual en los trópicos. Las bañeras de piedra se han acompañado con una escultura de roca volcánica colocada en frente de una pared de piedra típica de Ibiza.

Las paredes del interior son de piedra volcánica negra de Bali, mientras que los techos son de madera de sabina albar, típica de Ibiza; en los suelos se ha empleado piedra natural de Indonesia. La carpintería de puertas, ventanas y mobiliario ha sido toda trabajada de forma artesanal en Bali y enviada a Ibiza junto con los típicos *joglos*, las casitas balinesas hechas a mano, que se han ubicado cerca de la piscina, a modo de casetas de baño. También las pinturas han sido realizadas por un artista local descubierto en Ubud, un pueblo balinés. Este salón de 700 m² y su terreno de 30.000 m² son la comunión perfecta entre Bali e Ibiza o, en otras palabras, lo mejor de ambos mundos.

208 Casa Diederik van Maren

Out on the south-western coastline of the island, architect and developer Diederik van Maren was commissioned the total renovation of an existing house surrounded by lush vegetation and with extraordinary views. The challenging project lasted two years and resulted in a combination of contemporary design and distinctive style of the island. The house is basically a cube organized on three levels with thick walls to keep the searing heat out and a flat roof to collect rain water. Glass doors and windows are set deep into the walls to emphasize the massiveness of the walls and carefully placed to provide a pleasant breeze through the house. The architecture of the house responds to the architect's taste for a minimalistic design approach. The design expression lays in the materiality of all the surfaces. Natural stone finishes dominate and a homogeneous choice of subdued tones brings continuity throughout the various spaces. Splashes of color brought in by the artwork and carefully selected pieces of furniture animate the house. But with no doubt, it is the landscape exquisitely framed by the openings that completes this sculptural work placed high up on the island's hills.

En la costa sudoeste de la isla, el arquitecto y promotor Diederik van Maren se ocupó de la total renovación de una casa rodeada de frondosa vegetación y vistas extraordinarias. El proyecto se prolongó dos años y el resultado fue una combinación del diseño contemporáneo con el típico estilo isleño. La casa es básicamente un cubo que se organiza en tres niveles, con gruesos muros para evitar el calor abrasador y un techo plano para recoger el agua de la lluvia. Las puertas de vidrio y las ventanas se hunden en las paredes para acentuar la masa de los muros, y se disponen cuidadosamente para permitir una agradable brisa en toda la casa. El diseño responde al gusto del arquitecto por el minimalismo y se plasma en la materialidad de todas las superficies. Predominan los acabados en piedra natural, y el reducido número de tonos aporta continuidad a los diferentes espacios. Las obras de arte y los muebles cuidadosamente seleccionados aportan un toque de color y animan la casa. Pero, sin duda, es el paisaje exquisitamente enmarcado por las aberturas el que completa esta obra escultural ubicada sobre una colina de la isla.

216 Es Somnis

Architects Bernd Rustige and Thor Fogelberg rebuilt an existing house for a young couple passionate about Antoni Gaudí. The spectacular new home plays up organic surreal forms rounded off by a spiral pool. A two level stucco construction counterbalances a lower building clad in a honey-colored local stone. The latter, as different as it may seem from the traditional whitewashed house, is a common sight on the island and testimony to its ancient practice of stone quarrying developed by Phoenicians and Carthaginians to build the city. Sinuous forms are presented throughout the interior of the house; but it is the bathroom that denotes the strongest influence from Gaudí through an unrestrained use of organic forms and patterns made of seashells and little rocks.

The warm quality of the atmosphere is achieved by the selection of materials such as Ibizan limestone, ceramic tile, wood and copper. The décor is a fusion of cultures: traditional Ibizan furnishings combine with eccentric Moroccan and Indian artifacts such as the cobra-shaped cathedra. Nonetheless, we are not overwhelmed by ornamental excess; rather we are taken by a welcoming spirit that makes us feel at home.

Los arquitectos Bernd Rustige y Thor Fogelberg reconstruyeron una casa para una joven pareja apasionada con Antoni Gaudí. El espectacular resultado juega con formas orgánicas surrealistas rematadas con una piscina con forma de espiral. Una construcción de estuco en dos plantas compensa el edificio bajo, revestido con piedra local de color miel, que, aunque parezca diferente del encalado tradicional, es habitual en la isla y un recuerdo de la actividad milenaria de extracción de piedra desarrollada por los fenicios y los cartagineses para la ampliación de la ciudad.

Las líneas sinuosas se repiten por todo el interior de la casa, pero el baño es la sala que denota más influencia de Gaudí, con el uso desenfrenado de formas orgánicas y motivos de conchas y guijarros.

La calidez de la atmósfera la crea la selección de los materiales, que incluye piedra caliza ibicenca, azulejos de cerámica, maderas y cobre. La decoración es una fusión de culturas: se combinan elementos tradicionales ibicencos con excéntricos objetos marroquíes e indios, como el trono en forma de cobra, que, lejos de abrumar, crean un ambiente acogedor que hace que uno se sienta en casa.

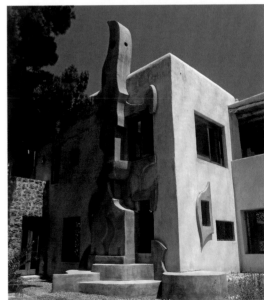

Away from the fuss in town but with views of the ancient walls and the cathedral, Casa Blanca was built in the seventies. Forty years later, it is the object of an extensive renovation. The house had to be practically rebuilt from ground up due to its ruinous state. As a result, the new design incorporates a new second floor and a pool set in a beautiful landscaped surrounding. The new house presents a new face with white walls and large windows that make the most of the breathtaking sweeping views.

In the interior, Alistair Wilkinson has tastefully transformed the existing dark and gloomy rooms into light filled spaces achieved through a generous use of glass that reinforces the connection with the exterior. A limited palette of materials and colors come together to give the house interiors their own character: grey concrete floors and white walls and ceilings throughout combine with an eclectic collection of furnishings in beige and brown tones that soften the coolness of the surfaces. The entry on the upper level connects with the living area in the lower level through a sculptural chrome plated steel staircase. LED lights installed in the stringers illuminate the thick Plexiglas treads to achieve a spectacular color changing light effect that adds to the artistic feel of the house.

Casa Blanca se construyó en los años setenta, alejada del bullicio de la ciudad pero con vistas a las murallas antiguas y a la catedral. Cuarenta años después, se ha realizado una profunda renovación que ha implicado reconstruir prácticamente toda la casa por su estado ruinoso. Como resultado, el diseño incorpora un segundo piso nuevo y una piscina en un entorno de gran belleza. La casa presenta una nueva fachada de paredes blancas y grandes ventanas que aprovechan al máximo las imponentes vistas.

En el interior, Alistair Wilkinson ha transformado con acierto las tristes y oscuras habitaciones originales en espacios luminosos gracias a un uso generoso del vidrio, que refuerza la conexión con el exterior. La gama limitada de materiales y colores confiere un carácter propio a los interiores: suelos de hormigón gris y paredes y techos blancos combinados con una ecléctica colección de muebles en tonos beis y marrón que suavizan la frialdad de las superficies. El salón del piso inferior conecta con el piso superior mediante unas esculturales escaleras de acero cromado. Las luces LED instaladas en los travesaños iluminan los gruesos peldaños de plexiglás con un espectacular efecto de colores que aporta un toque artístico a la casa.

A trail winds uphill to Villa Vanderloo, a Moorish-inspired construction surrounded by one hectare of forested grounds. The house is organized around a simple, delightful *sahn* (courtyard) of exquisite proportions and framed by arcades of pointed arches. While empty of furnishings as if it only serves for meditation, it is presided over by a central pond made of elegant black stone and lined with candle lanterns. This quiet and serene courtyard leads to the back of the house, which has a garden and an infinity pool overlooking the Mediterranean, and to the living area, which is fully open to the outside like the rest of the house. The house boasts a unique combination of modern features and Moorish motifs, which are, however, stripped down to their graphic essence. And so the house has tastefully whitewashed plain walls rather than elaborate carved stucco reliefs and the tessellated patterns are simplified, whether they are seen in the form of entry gate or as a pattern on the area rug in the living room.

The elegant décor and simple layouts are spread evenly throughout this modern riad with seven bedrooms and six bathrooms, suitable for family living or for entertainment.

Un sendero serpentea cuesta arriba hasta Vila Vanderloo, una construcción de inspiración árabe rodeada de una hectárea de terreno forestal. La casa se organiza en torno a un simple y delicioso *sahn* (patio) de proporciones exquisitas, enmarcado por portales de arcos en forma de media punta. Aunque vacía de muebles, como si se tratara de un espacio destinado a la meditación, la casa está presidida por un estanque central de piedra natural de un elegante color negro rodeado por velas en forma de farolillos.

Este patio tranquilo y sereno conduce a la parte trasera de la casa, que cuenta con un jardín y una piscina desbordante con vistas al Mediterráneo, y a una zona de estar completamente abierta al exterior, como el resto de espacios de la casa. La construcción resulta de una combinación única de elementos modernos y motivos árabes, que son, sin embargo, despojados hábilmente de su esencia gráfica. Se blanquearon con buen gusto las paredes lisas en lugar de utilizar complicados relieves de estuco tallados, y los patrones de mosaico se simplificaron, tanto en la puerta de entrada como en el estampado de la alfombra del salón.

La elegante decoración y los diseños simples se distribuyen de forma equilibrada a lo largo de esta moderna casa de estilo marroquí con siete dormitorios y seis cuartos de baño, apta tanto para la vida familiar como para el entretenimiento.

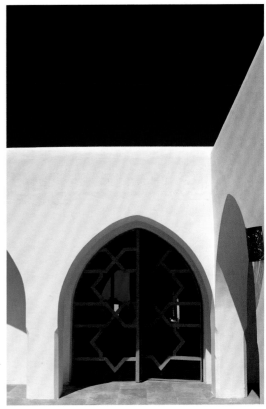

It is a steep journey up to the house located on the cliffs of Na Xamena. Uwe Richtberg and Coci Tappert of Ibiza One successfully turned an existing house originally built in the eighties into another architectural jewel on Ibiza. They used their knowledge of Feng Shui to introduce the four natural elements around which the design is developed: water, earth, air and fire. Water is omnipresent given the location of the house perched on a hill witnessing the incredible beauty and drama of the rugged coast with views of the open sea. The house rises white and geometric on the reddish fertile soil so perfect for growing grapes. The sight of all things around arouses a sense of the beautiful and a feeling of love. The island is well-known for the steady breezes, an always appreciated benefit. The house is open with deep overhangs that provide much needed shade and help the building breathe by catching the cool winds. The separation between interior and exterior is minimized to the extent that the different masses that constitute the building seem to cascade down the hill. All in all, the house pays homage to the island's distinct attributes.

Hay un largo viaje empinado hasta la casa localizada en los acantilados de Na Xamena. Uwe Richtberg y Coci Tappert, de Ibiza One, convirtieron exitosamente una casa originalmente construida en los años ochenta en otra joya arquitectónica ibicenca. Utilizaron su conocimiento del *feng shui* para introducir los cuatro elementos naturales alrededor de los cuales está desarrollado el diseño: agua, tierra, aire y fuego. El agua es omnipresente gracias a la ubicación de la casa, que se encuentra situada en un cerro con vistas increíbles sobre la costa abrupta y el mar abierto. La casa se erige blanca y geométrica en la tierra fértil y rojiza, ideal para el cultivo de la uva. La vista sobre los alrededores despierta el sentido de la belleza y el amor. La isla es bien conocida por las brisas continuas, una ventaja siempre agradecida; ademas, la vivienda es una estructura llena de zonas de sombra que ayudan a respirar al edificio. La separación entre interior y exterior está minimizado al máximo, hasta el punto de que la extensión de las diferentes masas que componen el edificio parece bajar en cascada por la colina. En definitva, la casa rinde homenaje a las virtudes de la isla.

238 Casa Laia

Originally built by a German architect and made to look like a Roman villa, this pure white house is built on a promontory. Besides its magnificent location, the grandeur of the villa lies in its terraced layout with atriums, gardens, columns and domes. From below, it looks massive and intimidating behind fortress-like walls. The property is composed of the main residence, two small guest houses and a small apartment for domestic workers.

Like the exterior, the interior architecture is all white to create a neutral backdrop for the contemporary furniture and accessories. These are used to introduce color contrast which, combined with dramatic lighting and a play of transparency and reflection, enhances the visual impact. This colorful and vibrant décor conveys a feeling of sophistication and glamour integrating design classics like the Louis Ghost shiny black chairs by Philippe Starck. This eye-catching display of color and texture, far from producing an overwhelming impression, transmits vitality and confers the house with a welcoming character. The house is so open that once inside, one forgets what an imposing stronghold it is.

Construida originalmente por un arquitecto alemán, de forma que se pareciese a una villa romana, esta casa de color blanco puro se eleva sobre un promontorio. Aparte de su magnífica situación, la grandeza de esta villa reside en su estructura escalonada, con atrios, jardines, columnas y cúpulas, que, desde abajo, detrás de muros semejantes a los de una fortaleza, resulta maciza e intimidante. La propiedad se compone de la vivienda principal, dos pequeñas casas de huéspedes y un pequeño apartamento para empleados domésticos.

Al igual que en el exterior, la arquitectura interior es toda blanca y crea un fondo neutro para el mobiliario y los accesorios contemporáneos, los cuales introducen un contraste cromático que, combinado con una iluminación dramática y un juego de transparencias y reflejos, subraya el impacto visual. Esta decoración colorida y vibrante proporciona una sensación de sofisticación y *glamour* que integra clásicos del diseño como las sillas Louis Ghost de color negro brillante, de Philippe Starck. Esta llamativa muestra de color y textura, lejos de abrumar, transmite vitalidad y confiere a la casa un carácter acogedor de forma que, una vez dentro, uno se olvida de que es un bastión imponente.

242 Can Gadja

Can Gadja is the more fascinating when one knows the story that started many years ago when interior designer Bruno Reymond moved to Ibiza and soon enough made the pleasant discovery of an abandoned unfinished house. A few years went by before Reymond could purchase the property attracted by the prospects of a challenging project. The experience was rewarding and the result beyond expectations.

The remodel involved the complete reconfiguration of the existing house, which was a strange composition of impractical rooms on a misused plot of land. The successful transformation fulfilled the need to liberate and organize the existing home creating cohesive and efficient spaces; it also succeeded in connecting the house to its surrounding landscape and providing it with unobstructed views towards Dalt Vila and Formentera in the distance.

Concrete acts as the unifying material between the exterior and the interior, whether it is in its high polished form applied to the floors or in its rougher finish used on the walls. This uniform setting serves as background to an eclectic selection of pieces of furniture complemented with an impressive collection of contemporary art.

Can Gadja es más fascinante todavía si uno sabe la historia, que comenzó hace muchos años, cuando el diseñador de interiores Bruno Reymond se trasladó a Ibiza y descubrió poco después una casa abandonada y sin terminar. Pasaron varios años hasta que Reymond pudo adquirir el inmueble, atraído por los retos que ofrecía el proyecto. Fue una experiencia gratificante, y el resultado superó sus expectativas.

La remodelación implicó una reconfiguración completa de la casa, que era un extraño conjunto de salas poco prácticas en un solar mal aprovechado. La transformación satisfizo la necesidad de despejar y organizar la vivienda existente para crear espacios unidos y eficaces, y también la conectó al paisaje que la rodea, proporcionándole amplias vistas a Dalt Vila y Formentera, a lo lejos.

El hormigón sirve para unificar el exterior y el interior, ya sea en su forma pulida, aplicado a los suelos, o con un acabado más rugoso, utilizado en las paredes. Este escenario uniforme sirve de fondo a una selección ecléctica de muebles complementada con una impresionante colección de arte contemporáneo.

The house in Cala Conta is a construction that focuses on integrating with the surroundings. It looks as if it has emerged from the ground adding to the natural beauty of the environment. It is meant to be unobtrusive, allowing the landscape to permeate the construction mitigating the artificial barriers between the interior and the exterior. The essence of the island, with its colors, light and shadows, is embedded in the house, making the space around it part of the architecture: the earth lends its color to the walls; the sunlight and the views of the sea bathe the interior courtyard; and the sculptural shadows cast their imprint on the limestone floors.

All this has been done with religious respect for the environment, harvesting the rainwater, borrowing from earth geothermal energy for a sustainable and responsible consumption, and embellishing the garden with native vegetation.

By doing so, the architect pays homage to the island of his youth, with the blue and turquoise sea, white sand, fields framed with stone walls, humble homes of a dirty white, architecturally arranged as nuclei of organic growth.

Casa Cala Conta es una construcción que se centra en integrarse en el entorno. Parece como si hubiera surgido de la tierra para realzar la belleza natural del paisaje. Fue concebida según una estructura discreta que permite que el paisaje la impregne, mitigando las barreras artificiales entre el interior y el exterior. La esencia de la isla, con sus colores, luces y sombras, se cuela en la casa, y hace que el espacio que la rodea forme parte de la arquitectura: la tierra da su color a las paredes; la luz del sol y las vistas al mar bañan el patio interior; y las sombras escultóricas trasladan su huella al suelo de piedra caliza.

Toda la intervención se ha realizado con un religioso respeto por el medio ambiente: se recolectan y reutilizan las aguas pluviales, se toma prestada energía geotérmica de la tierra para consumirla de forma sostenible y responsable, y se embellece el jardín con vegetación autóctona.

De esta manera, el arquitecto rinde homenaje a la isla de su juventud, la del mar azul y turquesa, la arena blanca, los campos enmarcados por paredes de piedra y las casas humildes de un blanco roto, arquitectónicamente dispuestas como núcleos de crecimiento orgánico.

254 Villa Van Campen

Nestled in the hills at the south of the island stands villa Van Campen, a refurbished construction originally built in the eighties. Designer Yvonne Hulst brought the house up to current code, but most importantly, she created spaces with soul where every small detail makes a world of difference.

The new layout reorients the house towards the views, establishing a visual and physical connection between interior and exterior spaces. With five bedrooms and five bathrooms, the 350 m² house is made up of expansive and luminous spaces effortlessly articulated around the existing grid of square columns and through arcades of semicircular arches. Pocket doors allow for enough protection during the winter months and for a total open feel during the summer.

Grey marble floors unite exterior and interior spaces into one cohesive whole. Secondary materials provide each space with its own identity: grey-tinted micro-cement is used in the kitchen, yellow marble and pebbles finish off the surfaces of the bathroom, where a carved stone washbasin takes center stage. The master bedroom combines micro-cement and pebbles. Finally, the living room has a wooden wall that serves as backdrop for a sofa made of salvaged parts from an old boat.

Ubicada en las colinas del sur de la isla se encuentra Villa Van Campen, una construcción de los años ochenta recientemente reformada. La diseñadora Yvonne Hulst se encargó de transformarla hasta el estado actual, y lo hizo creando una serie de espacios con alma donde cada pequeño detalle marca la diferencia.

El nuevo diseño de la casa la reorienta hacia las vistas, estableciendo una conexión visual y física entre los espacios interiores y los exteriores. Con cinco dormitorios y cinco cuartos de baño, la casa de 350 m² se compone de espacios amplios y luminosos articulados en torno a una red de columnas cuadradas con soportales de arco de medio punto. Unas puertas empotradas protegen la vivienda durante los meses de invierno y la abren totalmente al exterior durante el verano.

Unos suelos de mármol gris unen los espacios exteriores e interiores en un todo coherente. Los materiales secundarios proporcionan a cada espacio su identidad propia: en la cocina se utiliza un microcemento teñido de color gris, mientras que las superficies del cuarto de baño se han acabado en mármol mezclado con piedras de color amarillo. En el baño, un lavabo de piedra tallada ocupa el lugar central. El dormitorio principal combina microcemento y guijarros. Por último, el salón queda limitado por una pared de madera que sirve de telón de fondo de un sofá hecho a partir de piezas rescatadas de un barco viejo.

260 Es Cantó

This small ancient finca, located near the very centre of the island, is set on steep terraces of farmland with views to the Old Town of Ibiza to the southwest.

The original house was rebuilt and enlarged in 1969 by the renowned Bauhaus-inspired architect Erwin Broner, who first arrived on Ibiza during the mid-1930s. In 1959 he returned to the island, where he lived and worked until his death in 1971, greatly influencing local art and architecture. In 2005 Can Cantó had further building work done and was modified by the previous owners.

The main challenge for this project was to update the house while attempting to preserve its distinct Ibicenco feel and also respect the previous alterations. The original layout was left untouched, although the finishes were modified, the entrance was remodelled on traditional Ibicenco lines, and a garden was created on a lower terrace.

Esta pequeña y antigua casa rural, situada cerca del centro mismo de la isla, está construida sobre una serie de empinados bancales de tierra de cultivo con vistas a la ciudad antigua de Ibiza, al suroeste.

La casa original fue reconstruida y ampliada en 1969 por Erwin Broner, el célebre arquitecto inspirado en la Bauhaus que llegó a Ibiza por primera vez a mediados de los años treinta. En 1959 volvió a la isla, donde vivió y trabajó hasta su muerte en 1971, tiempo durante el que influyó considerablemente en el arte y la arquitectura local. En 2005, los propietarios anteriores realizaron nuevas modificaciones en Can Cantó.

El mayor reto de este proyecto fue reformar la casa y mantener al mismo tiempo su distintivo carácter ibicenco, respetando a la vez las modificaciones anteriores. Se dejó intacta la distribución original, aunque se modificaron los acabados, se remodeló la entrada siguiendo modelos ibicencos tradicionales y se creó un jardín en uno de los bancales inferiores.

266 Can Vista Azul

Casa Vista Azul is hidden in a dense pine forest on the island's southwest coast overlooking the splendid Mediterranean waters, taking in breathtaking views towards the island of Formentera. The charming and unpretentious construction blends perfectly with the rocky hillside thanks to the use of natural stone and ceramic roof tiles.

Casa Vista Azul reveals little of its soaring interior spaces and crisp white walls covered with artwork. The roofs slope in different directions and at different heights giving way to clerestories that bring in indirect natural light and add spatial interest to the rooms. The stone fireplace is a strong focal point against the white backdrop, and separates the different functions of the living area: the dining room, the open kitchen and the living room.

The interior of the house was designed by Zurich-based Sue Roher, who combined family heirlooms, vintage furniture and design classics. Outside, an Eden-like garden, developed over a period of 15 years is crossed by a myriad of paths, leading to the pool, tennis court and lawn area.

Can Vista Azul se oculta tras un denso bosque de pinos en la costa suroeste de la isla con vistas a las espléndidas aguas del Mediterráneo y a la isla de Formentera. La construcción encantadora y sin pretensiones combina perfectamente con las laderas rocosas gracias al uso de piedra natural y tejas de cerámica.

Can Vista Azul revela poco de sus altos interiores y de sus paredes de color blanco suave de las que cuelgan obras de arte. Unos techos en pendiente en diferentes direcciones y alturas dan paso a unas claraboyas que aportan luz natural indirecta y añaden interés espacial a las habitaciones. La chimenea de piedra representa un elemento importante de contraste frente al fondo blanco del salón, y ayuda a separar las diferentes funciones de esa estancia: el comedor, la cocina y la propia sala de estar.

El interior de la casa fue diseñado por Sue Roher, con sede en Zúrich, quien combinó recuerdos de familia, muebles de época y clásicos del diseño. En el exterior, varios caminos cruzan un jardín edénico, desarrollado y cuidado durante quince años, y conducen a la piscina, a la pista de tenis y a una agradable zona de césped.

272 The Giri Residence

The Giri is a charming five-suite boutique hotel in the picturesque center of one of the last authentic hippy villages on Ibiza: Sant Joan de Labritja, in the north of the island.

You'll find The Giri in a quiet narrow alley like those you can only find in ancient cities. This is the back door conveniently leading to the quaint town bars and restaurants. The main entrance faces green fields spotted with bright yellow flowers known locally as *vinagrella*. With the northern beaches down the road, this 150-year finca offers a unique way to lose yourself in all the beauty of the island.

The Giri is exquisitely decorated and refurbished by Yvonne Hulst and Alberto Cortés and run by Lars Holm Hansen. This place plunges you straight into an oriental ambiance; recycled drift wood and pebble walls, rough sawn slate, and bamboo ceilings reinforce the beach experience, while sun-drenched courtyards and gazebos by the pool for alfresco dining guarantee an unforgettable stay.

In this captivating setting, the spectacular natural light that Ibiza is known for is captured brilliantly to cast shimmering textures, slowly fading at dusk to give prominence to the famous sunset of Ibiza.

El Giri es un encantador hotel *boutique* de cinco *suites* situado en el pintoresco centro de uno de los pocos pueblos *hippies* auténticos que quedan en Ibiza: Sant Joan de Labritja, al norte de la isla.

Encontrará el Giri en un callejón estrecho y tranquilo de esos que solo se ven en ciudades antiguas. Esta es la puerta trasera, que lleva a los curiosos bares y restaurantes de la localidad, mientras que la entrada principal da a unos campos verdes salpicados de flores de color amarillo vivo, llamadas *vinagrillos*. Bajando la calle se llega a las playas del norte: esta finca de ciento cincuenta años ofrece una forma única de perderse en la belleza de la isla.

Remodelado y decorado de forma exquisita por Yvonne Hulst y Alberto Cortés para incluir todas las comodidades, este lugar, dirigido por Lars Holm Hansen, le sumerge a uno directamente en un ambiente oriental. Las paredes de guijarros y madera a la deriva reciclada, la pizarra aserrada de forma basta y los techos de bambú refuerzan la sensación de estar en la playa, mientras que los patios soleados y los cenadores que hay junto a la piscina garantizan una estancia inolvidable.

En este entorno cautivador, la espectacular luz natural que da fama a Ibiza se captura magníficamente para arrojar texturas resplandecientes que se desvanecen lentamente al atardecer, cediendo el protagonismo a la famosa puesta de sol ibicenca.

Directory / Directorio

12 Can Toni Martina
Project: Rolf Blakstad
Architect: Blakstad Design Consultants
www.blakstadibiza.com
Tel.: +34 971 335 373

44 Can Zorra
Project: Yvonne Hulst and Alberto Cortés
www.harissa.nl
www.ksarliving.com
info@ksarliving.com

18 Can Maca
Project: Malales Martínez Canut
www.lucasfox.com
maxim@lucasfox.com
maxim.ibiza@lucasfox.com
Tel.: +34 933 562 989 / +34 673 881 279

50 Can Xicu
Project: HipHouse & wife of owner
Interior design advisors:
Onke Truijen and Chantal Stuurman
www.hiphouse.eu
Tel.: +34 661 280 455
Architect: Blakstad Design Consultants
www.blakstadibiza.com

24 Casa Viktor R.
www.galeriegolkar.de/viktor-r.htm
vr@viktor-r.com
info@galeriegolkar.de

56 Can Frolán
Architect: Jaime Serra
www.atlantdelvent.com
info@atlantdelvent.com
Interior designer: Rebeca Serra

32 Espacio Micus
www.espacio-micus.com
katja.micus@terra.es
Tel.: +34 971 191 923

62 Es Trui de Ca n'Andreu
Contact: Miguel Torres
Tel.: +34 971 335 261

36 Boas Jean Nouvel
www.lifemarinaibiza.com
www.lucasfox.com
maxim@lucasfox.com
Maxim.ibiza@lucasfox.com
Tel.: +34 933 562 989 / +34 673 881 279

68 Everland
Ibiza Management
Contact: Christina van Ederen
www.ibizamanagement.com
info@ibizamanagement.com
Architect: Andrés Jaque
www.andresjaque.net
oficina@andresjaque.net

76 Casa Martín
Architect: Jaime Serra
www.atlantdelvent.com

112 Casa Jesús Dita
Project: Diederik van Maren
M +34 655 604 113
diederik@ibizaestate.es
Ibiza Estate Development S.L.
Tel.: +34 971 94 43 47
www.ibizaestate.es

84 Palacio Bardají
Project: Mucki and Christian Braun
www.palaciobardaji.com
www.casamunich.com

118 Villa Darshan
Project: Yvonne Hulst and Alberto Cortés
www.harissa.nl
www.ksarliving.com
info@ksarliving.com

92 Can Ramos
Project: Juan Ramos
Architect: Juan Echeverría
www.ramosibiza.com
Tel.: +34 971 808 659 / +34 653 190 290

124 Casa Uma
Project: Yvonne Hulst
www.harissa.nl
www.ksarliving.com
info@ksarliving.com

98 Bruno Salinas
Interior designer: Bruno Reymond
www.lamaisondelelephant.com
Tel.: +34 971 339 007

130 White House
Contact: Elizabeth Foster
whibiza@gmail.com

104 Christian Audigier
Interior designer: Eric Kuster
www.erickuster.com
www.ibizaestate.es
Tel: +34 971 944 347
Natascha Lampie
www.dofficeibiza.com
D-office@steinweb.net
Tel.: +34 678 544 291

136 Villa Ha Taew
Proyecto: Jean Marie Surcin y Jorge Alonso
Diseño de Interior: Jean Marie Surcin
y Jorge Alonso
Jm.jorgehouses@gmail.com
Paisajismo, jardinería: Miguel Ángel Romero
Ibiza.flowers@hotmail.com
Tel.: + 34 657 210 095

142 Can Lagarto
Ibiza One Estate International
Contact: Coci Tappert and Uwe Rightberg
www.ibiza-one.com
Architect: Rolf Blakstad
Interior Design: Birget Lauda

174 Can Contemporánea
Architect: Jaime Serra
www.atlantdelvent.com
Interior designer: Alistair D. Wilkinson
alistair@classic-interiors.co.uk
Tel.: +44 7768 004 549

148 Casa Salinas
Stylist: Amaya de Toledo

180 Torres de Buscastell
www.torresdebuscastell.com
frits.thieme@gmail.com

154 Can Cama
Project: Yvonne Hulst and Alberto Cortés
www.harissa.nl
www.ksarliving.com
info@ksarliving.com

190 Casa Natascha
Interior designer: Eric Kuster
www.erickuster.com
www.ibizaestate.es
Tel.: +34 971 944347
Natascha Lampie
www.dofficeibiza.com
D-office@steinweb.net
Tel.: +34 678 544 291

162 Casa Corazón del Mar
Architects: Laura Cavalca and Mauro Agosti
Interior design: Laura Cavalca
www.lauracavalca.com
info@lauracavalca.com
lc.studio@libero.it
Interior design consultant: Alberto Cortés
www.harissa.nl

196 Ibiza Hills
Ibiza One Real Estate International
Contact: Coci Tappert and Uwe Richtberg
www.ibiza-one.com
Architect: Bruno Erpicum

170 Can Rafal
Concept Conrad White
Project: Paco Asensio, Loft Publishers
whitefoto@gmail.com

202 Can Curt
Project: BALAFIA DE BAIX, S.L.
http://balafiadebaix.com
jaume@balafiadebaix.com
Te.l: +34 971.197.764

208 Casa Diederik van Maren
M +34 655 604 113
diederik@ibizaestate.es
Ibiza Estate Development S.L.
Tel.: +34 971 94 43 47
www.ibizaestate.es

238 Casa Laia
www.ibizaestate.es
Natascha Lampie
Tel.: +34 971 944347

216 Es Somnis
Architects: Bernhard Rustige and
Thor Fogelberg
www.ibizaliving.net
arq@ibizaliving.net

242 Can Gadja
Interior designer: Bruno Reymond
Tel.: +34 971 339 007
www.lamaisondelelephant.com

Bathroom design: El baño
Tel.: +34 971 800 507

220 Casa Blanca
Architect: Jaime Serra
www.atlantdelvent.com
Interior designer: Alistair D. Wilkinson
Alistair@classic-interiors.co.uk
Tel.: +44 7768 004 549

248 Casa Cala Conta
www.calaconta.es

226 Vila Vanderloo
Project :Vanderloo

254 Villa Van Campen
Project: Yvonne Hulst
www.harissa.nl
www.ksarliving.com
info@ksarliving.com

232 The Bright Blue
Project: Uwe Richtberg | Coci Tappert
www.ibiza-one.com
www.plc-ibiza.com
uwe@ibiza-one.com
Tel.: +34 619 665 380

260 Es Cantó
Project: Rolf Blakstad
Architect: Blakstad Design Consultants
www.blakstadibiza.com
rolfblakstad@gmail.com
Tel.: +34 971 335 373

266 Can Vista Azul
Sales director: Cathy Ouwehand
"The White Angel"
Ouwehand & Associates S.L.
www.oaibiza.com
cathy@oaibiza.com
Tel.: +34 971 19 25 88 / +34 620 68 68 16

272 The Giri Residence
Project: Lars Holm Hansen,
Rosa Hildebrandt, Yvonne
Hulst and Alberto Cortés
Collaborating architect:
Alicia Medina Vargas

www.medina-prats-arquitectos.es
www.thegiri.com
www.ramosibiza.com
Tel.: +34 971 808 659

282 El Hotel Pacha
www.elhotelpacha.com
elhotel@pacha.com
Tel.: +34 971 315 963

284 Atzaró Hotel Rural
www.atzaro.com
agroturismo@atzaro.com
Tel.: +34 971 338 838

285 Hotel Aguas de Ibiza Lifestyle & Spa
Salvador Camacho, 9
07840 Santa Eulalia del Río, Ibiza
Balearic Islands, Spain
info@aguasdeibiza.com
Reservations: +34 971 319 962

286 La Sardina Loca
www.lasardinaloca.com
contact@lasardinaloca.com
Tel.: +34 971 808 288

SPECIAL THANKS TO:

"Alberto Torres leaves home"
Bar Alberto, Santa Eulalia, Ibiza
Hotel Aguas de Ibiza
www.aguasdeibiza.com
reservas@aguasde ibiza.com

Livio Gerber www.zapaimages.com|contact@gerbergmc.com - phone +41 442010834.
Reparación Cámaras Digitales, Barcelona (+34 934361494, reparaciondigital@gmail.com) |
| Libro Azul, Joachim, Sta. Gertrudis (info@libro-azul-ibiza.com, www.libro-azul-ibiza.com) |

Janus, Bravo Rent A Car, Ctra. Aeroport, Sant Jordi (+34 971390999 - 971396375, www.autosbravo.es)

John Broekman Building Constructing Design +34 666559027
Broekman & Olivera
Calle del Sol nº 1 bajos
07840 Santa Eulalia del Rio — Ibiza (Baleares)
tel +34 971331256 — +34 971338565 — fax 971332377
www.mubuk.es
www.ibizabo.com

Jeep Wrangler, Lucien Mooiman, (www.ibizawranglers.com, www.rentawrangler.net) | Bernard and Sara | María Chaver (www.lamu.es) |
SLUIZ, Sta. Gertrudis, (www.sluiz-ibiza.com) | Foto Studio Ritu, St. Antoni Portmany (+34 971346312) | Sandra de Keller Visual Art (www.sandradekeller.com) |
Irene, Franco and Orco, Desigual | Zoe | Chloe | Leon | Las Dalias family, Jose Miguel St. Carles | Mevr. M. White-Hertel |
Dr. Daniel Gaet | Pablo Monks, Casi Todo, Sta. Gertrudis (+34 971197023, info@casitodo.com, www.casitodo.com) | Juan Suárez, Diario de Ibiza |
Photographer Ton Looman, Amsterdam | John Garfield | Gusta Gassmann | Andrea Solsona Antonin, Ibiza |
David Moss |Frits Thieme.

My "offices" Bar La Rouge, Barcelona | Tomas Guillén Redondo, Bar Vista Alegre, Sant Joan | Jordi, Jesús, Katy, Bar Rafal, Ibiza |
Kristina, Es Cafetó, Ibiza | Pedro, Bar Sargantana, Sant Carles | Jesús, Bar San Francisco, Ibiza | Restaurante La Manduka, Ibiza

Bibliography

Ferrer, Nina. *El somni d'un món habitable: la casa pagesa eivissenca al voltant de 1930.* Available online at http://www.ub.edu/gracmon/capapers/Ferrer,%20Nina.pdf (accessed May 4, 2011).

Grup d'Estudis de la Naturalesa (GEN-GOB Eivissa). *La casa pagesa. Geografia humana.* Available online at http://www.gengob.org/edudocs/ea2005q1.pdf (accessed May 4, 2011).

Mestre, Bartomeu, and Elías Torres Tur. "Architectural Guide to Ibiza and Formentera ('Pitiuse Islands')". *Cuadernos de arquitectura y urbanismo,* 1980, núm. 142/143. Available online at http://www.arquired.es/users/catany/pitiusas/1_cntr.html (accessed May 4, 2011).

Mira, Eduard. *Sobre Erwin Broner. Cap a una normalització de l'arquitectura d'Eivissa.* Available online at http://www.raco.cat/index.php/Eivissa/article/view/112456/140107 (accessed May 4, 2011).

Planells, Mariano. *Magic Guide through Ibiza and Formentera.* Ibiza: Editorial Mediterrània-Eivissa, 1994.

Bibliografía

Ferrer, Nina: *El somni d'un món habitable: la casa pagesa eivissenca al voltant de 1930.* Disponible en http://www.ub.edu/gracmon/capapers/Ferrer,%20Nina.pdf> [Consultado el 04.05.2011].

Grup d'Estudis de la Naturalesa (GEN-GOB Eivissa): *La casa pagesa. Geografia humana.* Disponible en http://www.gengob.org/edudocs/ea2005q1.pdf [Consultado el 04.05.2011].

Mestre, Bartomeu, y Elías Torres Tur: «Guía de arquitectura de Ibiza y Formentera (islas Pitiusas)». *Cuadernos de arquitectura y urbanismo,* 1980, núm. 142/143. Disponible en http://www.arquired.es/users/catany/pitiusas/1_cntr.html [Consultado el 04.05.2011].

Mira, Eduard: *Sobre Erwin Broner. Cap a una normalització de l'arquitectura d'Eivissa.* Disponible en http://www.raco.cat/index.php/Eivissa/article/view/112456/140107 [Consultado el 04.05.2011].

Planells, Mariano: *Guía mágica de Ibiza y Formentera.* Ibiza: Editorial Mediterrània-Eivissa, 1994.